예수께
기도를
배우다

예수께 기도를 배우다

다시 새롭게 드리는 주기도문

초판 1쇄 인쇄 2024년 7월 23일
초판 1쇄 발행 2024년 7월 30일

지은이	김건우
발행인	강영란
사업총괄	이진호

발행처	샘솟는기쁨
출판등록	제 2019-000050 호
주소	서울시 중구 수표로2길 9 예림빌딩 402 (04554)
대표전화	02-517-2045
팩스(주문)	02-517-5125
홈페이지	https://blog.naver.com/feelwithcom
전자우편	atfeel@hanmail.net

편집	박관용 권지연
마케팅	이진호
디자인	트리니티
제작	아이캔
물류	신영북스

ⓒ 김건우, 2024
979-11-92794-47-1(03230)

예수께
기도를
배우다

다시 새롭게 드리는
주기도문

김건우 지음

샘솟는
기쁨

기도의 길잡이, 주기도문

주기도문은 기독 공동체의 기도문입니다. 그리스도인의 정체성을 가진 모두의 기도문입니다. 이 기도를 시도하지 않은 그리스도인은 존재하지 않을 것입니다. 그럼에도 루터와 저자가 말한 것처럼 이 기도문은 순교당한 기도입니다. 이 기도문에 대한 보편적 친숙함으로 인하여 피상적으로 읽게 되었기 때문입니다.

이 책의 강점은 우리를 고백의 자리로 인도한다는 것입니다. 저자는 주기도를 강해하며 이 기도가 교회를 세우고 저자 자신을 만들었다고 고백합니다. 이 기도의 본질이 나를 넘어선 '우리의 기도'에 있음을 일깨우고 있습니다. 우리는 더불어 존재할 수밖에 없는 운명 공동체이기 때문입니다. 부디 이 강해서를 통해, 새로운 시대를 짊어지고 가는 한 고백적 지도자의 울림을 통해, 예수님이 가르치신 기도를 다시 배우는 지도자 그룹과 뜻있는 평신도들의 깨어남을 보고 싶습니다. 그의 스승 옥한흠의 소원처럼 말씀과 함께 기도로 깨어나는 이들이 한국 교회의 미래를 이끌어 감을 기대하며 기도하기 때문입니다.

이동원 | 지구촌목회리더십센터 섬김목사

성경은 이 세상 속에서 하나님을 보여 주는 것이 우리의 사명이라고 가르칩니다. 예수님께서 우리에게 주기도문을 가르쳐 주신 이유가 바로 여기에 있다고 생각합니다. 저자의 표현대로, 그리스도인 됨의 의미를 이 기도만큼 명확히 밝혀 주는 것은 없습니다. 하나님을 드러내는 삶을 사는 것은, 우리의 힘으로 할 수 있는 일이 아닙니다. 그래서 예수님은 연약한 우리가 주기도를 통해서 하나님과 더욱 친밀해지기를 원하십니다. 이 땅에서 거룩한 성도로 살 수 있는 은혜가 주기도문을 통해서 열리는 것입니다. 이제 우리가 주기도문에 담긴 하나님의 마음을 새롭게 배우고, 우리를 향한 하나님의 뜻을 배울 수 있기를 원합니다. 우리가 무엇을 목표하고 살아야 하는지 배울 수 있기를 원합니다.

박은조 | 한동대 교목실장 및 석좌교수

기독교 독자들이 책을 결정하는 데는 원칙이 있다. 누가 기록했는가? 저자의 삶이 그 내용을 담보하는가? 책의 내용이 성경에 근거한 것인가? 이러한 몇 가지 요소들이 읽어야 할 가치를 결정한다. 그런 의미에서 김건우 목사의 책 《예수께 기도를 배우다》는 일독을 권할 만하다.

첫째, 이 책은 매우 실제적이다. 성도들의 신앙생활 가운데 가장 자주 접하는 주제가 '기도'다. 앤드류 머레이의 표현처럼 "하늘에 계신 우리 아버지" 이 한 마디 기도가 하늘을 여는 열쇠인데, 그 열쇠로 문을 열지 않고 거친 기도와 잘못된 기도가 많다. 정작 기도하려면 이런 막막한 경험을 안 해 본 성도가 없을 것이다. 그런 차원에서 이 책은 독자들에게 기도의 실제적 길잡이가 될 것을 확신한다. 둘째, 이 책은 단순한 입술의 교훈이 아니라 저자가 몸으로 쓴 것이다. 문장 하나하나, 의미 하나하나에 힘이 느껴진다. 공허하지 않고 더운 입김이 뿜어져 나오는 것만 같다. 셋째, 이 책은 주기도문을 통해 우리 삶의 전 영역을 갈아엎는 혁신적인 내용을 담고 있다. 성도의 삶 전체를 변혁으로 이끌 힘이 있다. 한국 교회가 주기도문의 고백만 제대로 회복해도 사실상 삶의 대부분의 문제는 해결되리라 확신한다.

송태근 | 삼일교회 담임목사

《예수께 기도를 배우다》는 기도의 기본을 거듭 다짐으로 깊은 영성의 세계로 인도하는 책입니다. 이 책은 기도의 기본, 주기도문을 다룹니다. 이 기도는 예수님이 가르쳐 주셨기에 정말 소중한 기도입니다. 또한 위험한 기도입니다. 너무 익숙한 나머지 그 깊은 뜻을 망각할 수 있기 때문입니다. 달라스 윌라드는 '익숙함은 경멸을 낳는다'라고 말했습니다. 주기도문에 익숙하다고 기도를 잘 알고 있다고 생각하는 것은 위험합니다. 익숙함이 아닌 친밀함을 추구하는 것이 진정한 기도입니다. 기도는 하나님과의 친밀한 교제입니다. 그 과정을 통해 하나님을 더 깊이 알아 가는 영적 훈련입니다.

이 책을 쓴 김건우 목사님은 고요한 영혼을 소유한 분입니다. 그런 까닭에 이 책을 읽는 동안 제 마음도 고요해지는 것을 느꼈습니다. 하나님의 고요함이 제 영혼에 깃드는 것을 경험했습니다. 시끄럽고 분주하고 빠른 세상에서 고요한 영혼을 가꾸는 것은 쉬운 일이 아닙니다. 하지만 우리가 선택하고 결단하면 우리는 얼마든지 기도를 통해 고요한 영혼을 가꿀 수 있습니다. 이 책을 기도의 기본을 거듭 다지기 원하는 분들에게 추천합니다.

강준민 | LA 새생명비전교회 담임목사

그리스도인에게 가장 기본이 되면서도 어려운 주제가 기도가 아닐까 싶다. 그만큼 중요한 주제이기도 하지만 동시에 오해도 많다. 이 책은 그저 기도에 관한 이론서가 아니다. 삶의 힘든 여정을 기도로 헤쳐 온 내공을 가진 사람이 전해 주는 친절한 제자 훈련 멘토의 안내서다. 예수님이 가르쳐 주신 기도를 모델로 삼아 우리가 어떻게 무엇을 기도해야 하는지를 이 시대의 언어로 조근조근 풀어 준다. 이 책을 동반자 삼아 기도의 걸음마를 떼어 보며 영적 성숙을 경험해 보길 추천드린다.

김명호 | 일산대림교회 담임목사

김건우 목사님의 책 출간을 축하합니다. 이 책이 첫 책이니 오랫동안 기다려 온 저에게 무척 아쉬웠던 지난 세월이었습니다. 더 큰 아쉬움도 있습니다. 성도들과 긴밀하게 교감하는 그 생생한 설교가 활자화되는 과정에서 현장감이 담기지 못한다는 아쉬움입니다. 그럼에도 내로라하는 수많은 주기도문 설교들과 저서들을 아우른 《예수께 기도를 배우다》를 만날 수 있어 기쁘고 감사합니다.

다독가인 김 목사님은 진지함을 한결같이 추구해 온 진실한 목회자입니다. 30년 이상 가까이서 지켜본 그는 따뜻하고 속이 깊은 사람입니다. 독자와 청중을 존중하는 따뜻함이 목회적인 주기도의 삶으로 이끌어 줍니다. 저자는 쉬지 않고 질문하며 말을 걸어옵니다. 주기도의 7개 청원 속으로 혼자 앞서가지 않고 함께 소통하며 가려고 무던히 애씁니다. 이 책을 통해 그의 친절한 목양의 수혜자가 되어 하나님 나라 비전을 함께 이루는 영광의 순례자들이 되길 기도합니다.

임철성 | 시카고 헤브론교회 담임목사

김건우 목사님을 알게 된 것은 2015년 〈세움〉을 시작할 때입니다. 수용자 자녀를 지원하는 단체인 세움의 이사로 모시게 되었고, 지금까지 귀하고 좋은 인연이 계속되고 있습니다.

《예수께 기도를 배우다》, 가장 많이 드렸던 주기도문을 다시 새롭게 읽으면서 제 마음에 들어온 단어는 '배우다'라는 동사였습니다. 참된 배움이 되었을 때는 배운 대로 실천하게 된다고 생각합니다. 이 책을 읽는 동안 김건우 목사님께서 주기도문을 배우며, 그 '배움'을 삶으로 실천하는 모습이 보였습니다.

이 책을 읽은 저 역시 신앙생활에 붙여지는 부록 같은, 주문 같은 기도가 아닌 진짜 기도를 '다시 배우고 싶다, 기도처럼 살고 싶다'라는 소망이 생겨났습니다. 독자들에게도 그러한 은혜가 임하길 바랍니다.

이경림 | (사)아동복지실천회 세움 상임이사

다시 이 기도를 드립니다!

　좋은 스승에게 배울 수 있음은 누구에게나 허락되지 않는 큰 축복입니다. '옥한흠'이라는 거목 아래에서 설교를 배우고, 리더십을 배우고, 목회를 배웠습니다. 그분의 성품상 앉혀 놓고 무언가를 가르치려 하지는 않으셨지만, 20여 년 가까이에서 섬기며 하나님과 성도를 향한 그분의 태도를 배웠습니다. 인상적인 것은 말씀을 대하는 태도였습니다. 옥한흠 하면 '제자 훈련'을 떠올리지만 저는 '설교자'라는 단어가 먼저 떠오릅니다. 제자 훈련 지도자이기 이전에 참 설교자로 사셨기 때문입니다.

　설교자로서 참으로 치열하고 진지하셨습니다. 연륜이 쌓여 준비 없이도 얼마든지 몇 시간이고 나눌 묵상이 쌓여 있을 법한 나이에도 쉽게 설교를 준비하는 것을 본 적이 없습니다. 마지막 순간까지 원고를 고치며 씨름하셨고, 자신이 전한 말씀대로 살기 위해 몸부림치는 것도 보았습니다. 제법 긴 시간 곁에서 동행했기에 누릴 수 있던 특권이었습니다. 실력은 따를 수 없다 해도 그 태도만큼은 따르고 싶었습니다. 아마도 목회자라면 누구나 말씀을 묵상하고 성도들과 나누는 일에 공을 들일 것입니다. 저 또한 공을 들이고 진정성을 담는 것만큼은 최선을 다하고자 했습니다.

주기도문을 묵상하고 설교한 것은 꽤 오래전의 일입니다. 처음부터 의도하진 않았지만 주기도문을 묵상하는 가운데 많은 은혜를 받았습니다. 이 기도의 의미와 깊이를 깨닫게 되어, 주일 예배 때 주기도문으로 공동체 기도를 드리기 시작했습니다. 그러다 최근에 다시 주기도문을 묵상하게 되었습니다. 기도의 기본기가 담겨 있으면서도 깊고 넓고 무거운 기도, 그래서 다시 마음을 담아 이 기도를 드립니다.

출간을 앞두고 원고를 정리하다 보니 아쉽고 부끄러운 마음이 듭니다. 그러나 이 책을 통해 주님께서 우리에게 말씀해 주시기를 기대하며 더 다듬으려 애쓰지는 않았습니다. 앞서 주기도문을 묵상한 설교자들의 글을 읽으며, 그분들과 함께 묵상하는 즐거움과 감사가 있었습니다. 묵상은 홀로 하는 작업인 동시에, 함께함으로 더 풍성해짐을 새삼 깨닫습니다. 저의 묵상에, 읽는 분들의 묵상이 더해져 주님께서 우리에게 가르쳐 주신 기도가 새롭게 다가오기를 기도합니다.

제 삶의 중요한 이유와 동기가 되는 아내와 딸, 그리고 고마운 동생 가정에 감사를 전합니다. 미숙한 저를 설교자로 맞아 빚어 준 첫 사역지 시카고 헤브론교회의 모든 성도들에게 감사 드립니다. 주님의 말씀을 자유롭고 담대하게 전하도록 늘 열린 마음으로 말씀을 듣는 좋은씨앗교회의 모든 성도들에게 감사 드립니다. 좋은 성도들 덕분에 자유롭고 담대하게 말씀을 전할 수 있었습니다. 목사에게 허락되는 가장 큰 복이라고 생각합니다. 기꺼이 추천사를 써 주신 선배님들과 동역자들에게 감사드립니다. 부탁하고 싶었지만 부탁하지 못한 분들께도 감사합니다. 제 인생에는 고마운 분들이 너무 많습니다.

아버지의 뜻이 하늘에서 이루어진 것 같이 저의 삶에서도 온전히 이루어지기를 기도합니다.

2024년 6월
김건우

너희는 이렇게 기도하라

기독교 신앙은 하나님과의 인격적 관계를 중시합니다. 그래서 신앙을 조금이라도 진지하게 받아들이는 사람은 누구든 기도를 배우기 원하고, 그 영적인 영역에서 자라기를 원합니다. 심하게 들릴지도 모르지만 기도를 전혀 하지 않거나 배우려고 하지 않는다면, 어쩌면 그는 믿음이 부족하거나 아예 없는 것일지도 모릅니다. 하나님께서 사랑하는 자녀들에게 주신 가장 큰 특권 중 하나가 '기도'이기 때문입니다.

특권(特權): 어떤 신분이나 자격이 있는 사람만 누리는 특별한
권리나 이익

특권의 사전적 정의는 이렇습니다. 특권이란 모든 사람이 누릴 수 있는 것이 아닙니다. 어떤 신분이나 자격을 가진 사

람만 누리는 '특별한 권리'입니다. 우리는 종종 'Membership Only'라는 문구를 보곤 합니다. 멤버십을 가진 사람들에게만 주어진 특별한 권리라는 의미입니다. 기도는 그런 특권, 하나님의 자녀들만 누리는 아주 특별한 권리입니다.

문제는 이런 권리를 충분히 누리고 맛보는 이들이 그리 많지 않다는 사실입니다. 왜일까요? 기도가 어렵게 느껴지기 때문입니다. 미국의 영성 작가 필립 얀시(Philip Yancey)는《기도하면 뭐가 달라지나요》에서 "기도는 하나님께로 가는 가장 쉽고도 가장 어려운 길"이라고 말했습니다.

기도가 쉽다는 건 어떤 의미일까요? 기도는 자녀가 아버지 앞에 나아가는 것이기에 쉽습니다. 마치 부모 자식 간에 대화하는 것처럼 기도는 자유롭고, 격식도 없습니다. 그리스도인이라면 누구나 할 수 있는 쉬운 일입니다. 하나님은 사랑하는 모든 자녀들에게 기도의 본능을 심어 두셨습니다. 때문에 배우지 않아도 시작할 수 있는 것이 기도입니다.

하지만 신앙이 성숙해질수록 조금씩 기도가 어렵게 느껴지기 시작합니다. 신앙이 어릴 때는 내가 하고 싶은 말 다 하고 뭔가 요구하는 것이 기도인 줄 알았는데, 조금씩 신앙이 자라고 철이 들면서 우리의 기도를 들으시는 하나님의 뜻에 대해서도 생각하게 되기 때문입니다. 그러므로 기도는 본능적으로 자연스럽게 터득하는 것인 동시에 배우고 훈련해야 할 필요가 있는 것입니다. 그럴 때 기도의 특권을 충분히 누릴 수 있습니다.

어느 날 한 학생이 알버트 아인슈타인(Albert Einstein)에게 물었다고 합니다.

"아직 아무도 손대지 않은 학위논문 주제가 있을까요?"

그러자 그는 이렇게 대답했습니다.

"기도를 연구해 보게. 누군가는 꼭 탐구해야 할 주제거든."

그렇습니다. 우리는 기도에 대해 잘 알고 있다고 생각하지만, 기도는 여전히 배워야 하고 깊이 탐구되어야 할 미지의 영역이기도 합니다. 무엇보다 좋은 스승을 만나, 잘 배워야 하는 아주 중요한 영적인 영역 중 하나가 기도입니다. 잘못 배우면 오용될 수 있고 왜곡될 수 있을 뿐 아니라, 심지어 파괴적인 결과를 가져올 수도 있기 때문입니다. 그런데 감사하게도 우리에게는 좋은 기도의 스승이 있습니다. 바로 우리 주 예수님이십니다.

누가는 이 주기도문이 나오게 된 배경에 대해 상세하게 증언합니다.

1예수께서 한 곳에서 기도하시고 마치시매 제자 중 하나가 여쭈오되 주여 요한이 자기 제자들에게 기도를 가르친 것과 같이 우리에게도 가르쳐 주옵소서 2예수께서 이르시되 너희는 기도할 때에 이렇게 하라 눅 11:1~2

어느 날 한 제자가 기도를 가르쳐 달라고 요청합니다. 그 요청에 대한 예수님의 대답, 이것이 우리가 주기도문이라고 부르는 기도입니다. 이 제자에게 얼마나 고마운지 모릅니다. 그의 질문 덕분에 오늘 우리도 기도를 배울 수 있으니 말입니다. 그가 다른 어떤 것이 아닌, 기도에 대해 가르침을 청했던 것은 참 지혜로운 일이었습니다. 우리에게 예수님보다 기도를 잘 가르쳐 줄 수 있는 분은 없기 때문이며, 제자가 반드시 알아야 할 것이 기도이기 때문입니다.

아브라함, 모세, 다윗, 엘리야, 바울 등 성경에는 많은 믿음의 사람들이 드린 모범적 기도들이 담겨 있습니다. 그러나 예수님이 가르쳐 주신 기도와는 비할 수 없습니다. 예수님보다 더 온전하게 기도에 대해 가르쳐 줄 수 있는 존재는 없습니다. 예수님의 주기도문에는 기도의 핵심적인 내용과 모범적인 순서가 담겨 있습니다. 그래서 교회는 언제나 주기도문을 기초로 기도를 정의하고 기도해 왔으며, 여러 신앙고백들과 교리문답들도 주기도문을 비중 있게 다루어 왔습니다. 제임스 패커(James Packer)는 자신의 책 《주기도문》에서 이렇게 말합니다.

사도신경, 십계명, 주기도문은 각각 그리스도인들이 믿고, 행동하고, 하나님과 교제하는 방법을 요약해 주고 있는 세 개의 훌륭한 기독교 신조이다. 특히 주기도문은 놀라울 정도로 함축적이다. 그 안에는 수많은 의미가 들어 있다. 그것은 복음의 요약이며(터툴리안), 신학의 몸통이고(토마스 왓슨), 간구의 원칙이

자 살아가는 모든 일의 열쇠이다. 그리스도인 됨의 의미를 주기도문만큼 명확히 밝혀 주는 것은 없다.

그러나 안타깝게도 주기도문만큼 오용되는 기도문도 없습니다. 많은 이들이 입술로 암송하지만 기도로써 드리지 않기 때문입니다. 단지 이 시대의 일만은 아닙니다. 일찍이 개혁자 마틴 루터(Martin Luther)는 "얼마나 많이 주기도문이 외워지고 있는가? 그러나 주기도문 한 문장 한 문장 안에 담긴 진정한 의미를 맛보며 하나님께 드려지는 기도로써 드려지는 경우는 얼마나 적은가!"라고 탄식하며 주기도문이 순교당하고 있다고 지적했습니다.

주기도문은 우리가 기념해야 할 예수님의 기도가 아니라 오늘 현실에서 드려야 할 '우리의 기도'입니다. 주님은 우리도 주님처럼 기도하기를 바라는 마음으로 이 기도를 가르쳐 주셨습니다. 주기도문은 좁고 얕은 인간의 관점과 신앙을 넘어 예수님의 관점과 영성으로 기도할 수 있도록 우리의 눈을 열어 주며, 우리를 주님의 관점과 뜻으로 인도합니다. 주기도문은 연구의 대상이 아니라 우리의 기도가 되어야 합니다.

사실 주기도문에 대한 자료, 설교와 서적은 이미 충분하다 싶을 만큼 많이 존재합니다. 그러나 주기도문은 시대마다 다시 설교되고, 다시 쓰여져야 합니다. 이 안에 담긴 기도의 본질을 되새기기 위해, 또 그 시대 삶의 언어로 되울리기 위해서 말입니다. 지금도 그런 시대입니다. 이 시대 역시 다시 주기도문을 묵상하고, 다시 이 기도를 드려야 합니다.

우리의 기도가 아직 성숙하지 못하고 균형 감각을 갖고 있지 않다고 생각될 때, 무엇을 기도해야 할지 알 수 없을 때, 이 기도문을 따라 기도하는 것은 지혜로운 일입니다. 더 나아가 이 기도의 의미를 깊이 묵상하며 믿음을 가지고 기도할 때, 기도의 깊이와 넓이를, 기도가 허락하는 놀라운 은혜와 능력을 경험하게 될 것입니다. 이 기도에는 우리가 드려야 할 기도의 핵심과 본질과 방향성이 담겨 있습니다. 그러므로 이 기도를 깊이 이해하고 믿음으로 기도할 수 있다면 우리는 더 깊은 기도의 경지에 이르게 될 것이라고 확신합니다.

항상 기도해야 하지만 우리가 살고 있는 이 시대는 더욱 기도해야 할 때임을 절감합니다. 개인과 가정, 교회와 국가, 세상의 모습을 보며 그런 생각이 듭니다. 그런데 이렇게 기도해야 할 때, 우리의 기도가 약해지고 있는 것은 아닌지 염려가 됩니다. 팀 켈러(Timothy J. Keller)는 말합니다.

현대는 가히 기도 부재의 시대라고 말할 만하다. 과거 그 어느 시절보다 기도하는 사람이 없다. 세상의 흐름과 변화에 발맞추어 인터넷이나 스마트폰 문화에 젖어 사는 크리스천들이 홀로 하나님과 독대하는 시간을 갖기란 좀처럼 쉽지 않은 실정이다. 만일 의사가 당신에게 매일 밤 11시에서 11시 15분 사이에 어떤 약을 먹지 않으면 죽을 것이라고 선언했다고 하자. 그렇다면 당신은 절대 그 시간을 놓치지 않을 것이다. 그 어떤 핑계도 대지 않을 것이다. 하지만 우리는 기도를 그렇게 소중히 여기지 않는 것 같다.

그의 지적에 저부터 뜨끔하며 동의하지 않을 수 없습니다. 우리는 기도 부재의 시대를 살아갑니다. 기도에 대한 책과 영상, 가르침들은 많지만 기도의 사람을 찾기란 쉬운 일이 아닙니다. 그뿐만 아니라 무엇을 기도해야 할지 알지 못하여 향방 없이 기도하거나 엉뚱한 것을 구하고 있지 않은지를 묻게 됩니다. 하나님의 뜻과 어긋난 기도도 적지 않다는 생각이 듭니다.

이러한 때이기에 주님께서 친히 가르쳐 주신 기도를 다시 꺼내 묵상하고자 합니다. 주님이 가르치신 이 기도가 우리 기도의 방향을 잡아 줄 것입니다. 우리의 기도를 힘 있게 만들고, 더 깊게 만들어 줄 것입니다. 하나님의 뜻을 따라 기도할 수 있도록 도와줄 것입니다.

이 기도는 토씨 하나 틀리지 않고 암송해야 하는 기도문이 아닙니다. 예배를 마칠 때 사용하는 관행적인 공동체 기도도 아닙니다. 함께 주기도문을 묵상하는 가운데 기도에 대한 우리의 열정이 살아나고, 우리의 기도가 주님이 원하시는 기도가 되어 아버지의 뜻과 일치되어 가는 기쁨이 있기를 소망합니다.

Chapter 1

이름이
거룩히 여김을
받으시오며

그러므로 너희는 이렇게 기도하라

하늘에 계신 우리 아버지여 이름이 거룩히 여김을 받으시오며

마 6:9

기도는 하나님의 자녀에게 허락된 놀라운 특권입니다. 예수님은 사랑하는 자녀 모두가 이 특권을 풍성하게 누리기를 바라는 마음으로 이 기도를 가르쳐 주셨습니다. "그러므로 너희는 이렇게 기도하라"라는 말씀은, 우리의 기도가 세상 사람들이 구하는 것과 달라야 하며 이방인이 드리는 기도와 차별성을 가져야 함을 가르쳐 줍니다. 그 결정적이고 근본적인 차이는 기도의 대상에 있습니다.

하늘에 계신

헬라어 주기도문의 첫 단어는 '아버지'입니다. 이 부름 자체가 강력한 힘을 갖고 있습니다. 앤드류 머레이(Andrew Murray)는 "하늘에 계신 우리 아버지여"라는 문장은 하늘의 문을 여는 열쇠와 같다고 말했습니다. 문이 닫힌 방에 들어가기 위해 열쇠가 필요한 것처럼 하나님의 임재 안으로 들어가기 위해서는 이 열쇠로 문을 열어야 한다는 의미일 것입니다.

따라서 "하늘에 계신 우리 아버지여"는 생략해도 되는 의미 없는 관용구가 아닙니다. 우리의 기도는 하나님을 아버지라 부를 수 있기에 유효하고 능력이 있습니다. 아니, 하나님이 우리 아버지가 아니시라면 기도를 할 수조차 없을 것입니다. 무엇보다 하나님을 아버지라 부르며 기도를 시작할 수 있음에 감사해야 합니다. 이는 아무에게나 허락되지 않습니다.

그 아버지 앞에 "하늘에 계신"이라는 수식어가 있습니다. 하나님께서 하늘에 계신다는 것은 쉽게 범접할 수 없는 분이라는 의미입니다. 하나님은 우리와는 다른 차원, 다른 세계에 속한 분이십니다. 하나님과 우리 사이에는 도저히 가까워질 수 없는 존재의 질적 차이가 있습니다. 하늘에 계신 하나님은 이 세상을 창조하고 통치하는 분이시며, 우리는 그분의 피조물에 불과합니다. 하나님이 우리를 아끼고 친근히 대해 주신다고 해서, 그분을 땅에 있는 자들을 대하듯이 여겨서는 안 됩니다. 하나님은 하늘에 계신 분이십니다.

우리는 종종 하나님을 이해할 수 없다고 생각합니다. 이해할 수 없으니 믿지 못하겠다고 생각하고, 누군가 속 시원하게 다 설명해 주었으면 좋겠다는 생각도 합니다. 하지만 그런 생각 자체가 역설적으로 하나님은 하늘에 계신 분임을 말하고 있습니다. 나의 작은 경험과 지식으로 온전히 이해되는 하나님이 천지 만물을 지으셨을 뿐 아니라, 운행하는 분이실 수 있겠습니까? 하늘에 계신 하나님은 인간의 지성과 경험이라는 그릇으로는 온전히 담아낼 수 없는 크고 놀라운 분이십니다.

때가 되면 모든 것이 이해되는 날이 오겠지만, 이 땅에서 사는 동안은 우리가 하나님을 온전히 이해하는 데에 한계가 있습니다. 성경이 말하고 있는 것 이상을 알 수 없습니다. 하나님은 하늘에 계시기 때문입니다. 하나님은 이 세상을 초월하여 계십니다. 우리가 알고 경험한 하나님은 지극히 작은 일부에 불과합니다. 그것은 하나님이 하나님이시라는 증거이며, '하늘에 계신 아버지'라는 문구에 담긴 의미입니다.

하나님은 완전하며, 그 능력과 지식과 지혜는 무한하십니다. 하나님께서 한 사람을 사랑하고 이해하고 품어 내는 크기와 넓이는 우리의 수준에서 가늠하기 어렵습니다. 때문에 하나님의 사랑은 경험될 수 있을 뿐, 이해될 수는 없습니다. 하늘에 계신 하나님은 우리가 경외해야 하는 창조주이시며 만왕의 왕이십니다. 그래서 다윗은 이렇게 노래했습니다.

> 너희 성도들아 여호와를 경외하라 그를 경외하는 자에게는 부족함이
> 없도다 시 34:9

과연 이 시대의 그리스도인들은 진정으로 하나님을 경외하고 있을까요? 하나님께서 하늘에 계신다는 사실에 무감각한 이들이 적지 않습니다. 우리는 하나님을 향한 경외심과 거룩한 두려움을 회복해야 합니다. 하늘에 계신 하나님에 대한 두려움을 잃어버린 교회, 경외심을 잃어버린 그리스도인의 삶은 쉽게 요동하고 흔들릴 수밖에 없습니다. 때문에 주기도문 첫머리에서 '하늘에 계신 하나님'을 부르짖는 것입니다.

우리 아버지

우리가 하나님을 온전히 경외할 때, 그분이 하늘에 계신다는 사실은 큰 소망이 됩니다. 우리의 구원과 도움은 하늘에 계신 우리 아버지께로부터만 올 수 있기 때문입니다. 우리의 기도를 들으시는 하나님이 하늘에 계십니다. 우리는 그 하나님께 간구하고, 그 하나님께 도움을 청합니다. 그것이 우리의 기도입니다. 우리가 드리는 기도의 능력입니다.

예수님은 하늘에 계신 하나님이 우리의 '아버지'라고 가르쳐 주십니다. 신약성경에서 우리의 구원을 표현하는 가장 중요한 개념 중 하나가 양자 됨입니다.

> 3전에는 우리도 다 그 가운데서 우리 육체의 욕심을 따라 지내며 육
> 체와 마음의 원하는 것을 하여 다른 이들과 같이 본질상 진노의 자녀
> 이었더니 4긍휼이 풍성하신 하나님이 우리를 사랑하신 그 큰 사랑을
> 인하여 5허물로 죽은 우리를 그리스도와 함께 살리셨고 (너희는 은혜로
> 구원을 받은 것이라) 엡 2:3~5

사도 바울은 하나님을 아버지로 부를 수 없는 존재였던 우리가 하나님을 아버지로 부를 수 있게 되었다고 선언합니다. 우리는 본질상 진노의 자녀였고 허물로 죽었는데, 하나님이 우리를 살려 자녀 삼으셨으니 놀라운 은혜라는 말입니다. 천지를

지으신 창조주 하나님, 전지전능하신 하나님을 아버지라고 부를 수 있다는 것은 얼마나 대단한 일입니까! "하늘에 계신 우리 아버지여"라고 부를 때마다 그 감동이 느껴졌으면 좋겠습니다. 어떤 순간에도 하늘 아버지가 있다는 사실이 든든한 믿는 구석이 될 수 있기를 바랍니다.

'하늘에 계신'이 하나님의 초월성을 표현한다면, '아버지'는 어린아이가 "아빠!" 하고 찾는 것처럼 하나님과 우리 사이의 친밀한 관계를 드러냅니다. '하늘에 계신'이 우리와 전혀 다른 하나님의 본질에 대해 말하고 있다면, '아버지'는 그런 하나님과 우리가 어떤 관계를 맺고 있는지를 말하고 있습니다. "하늘에 계신 우리 아버지여"라는 짧은 고백 안에서 초월성과 친밀함이라는 대조적인 개념이 놀라운 균형을 이루고 있는 것입니다.

한 가지 놓치지 말아야 할 것이 있습니다. 이 기도가 나의 아버지가 아니라 "우리 아버지"라는 부름으로 시작된다는 것입니다. 주기도문이 '우리'라는 단어로 도배되어 있음을 발견하기란 그리 어려운 일이 아닙니다. 즉 이 기도는 제자 한 사람이 아니라 모든 제자들의 기도이며, 개인이 아니라 공동체의 기도입니다. 주기도문은 기독교의 중요한 특징 하나를 보여 줍니다. 기독교가 가진 공동체성, 그리스도인들의 가족 됨입니다.

기독교는 홀로 수도 정진하여 득도하는 종교가 아닙니다. 속세를 떠나 모든 사람과 관계를 끊고 오직 하나님과의 관계에서 신비를 체험하는 영성을 추구하는 것도 아닙니다. 예수 믿고 다시 태어나는 그 순간 새로운 가족의 일원이 되는 것이 기독교의 본질 중 하나입니다. 하나님은 우리를 자녀 삼으시는 동시에 새로운 가족 공동체를 만드십니다. 따라서 함께함, 공동체, 가족 됨, 서로 사랑 등은 하나님의 뜻이자 기독교 신앙의 중요한 본질입니다. 그 일은 하나님의 이름을 거룩히 여기는 것이기도 합니다.

우리는 하나님을 아버지라고 부르는 가족으로 살아가는 법을 배워야 합니다. 사실 신앙의 성숙이란 함께 사는 법을 배우는 것에 가깝습니다. 그래서 저는 영적 훈련을 인도할 때마다 그 훈련의 가장 큰 열매는 사랑하고 이해하는 법을 배우는 것이라고 강조합니다. 그리스도의 피로 한 가족이 되기는 했지만, 화목한 가족으로 사는 법은 배워야 하기 때문입니다.

우리가 완전하고 완벽해서 하나님의 자녀가 된 것이 아닙니다. 우리는 여전히 미성숙한 사람들입니다. 가족으로 사는 법을 배워야 하고 훈련되어야 합니다. 게다가 교회가 세워진 그 순간부터 사단은 이 가족의 유대를 파괴하기 위해 노력하고 있습니다. 그의 가장 중요한 전략과 목표 중 하나입니다.

우리는 홀로 서면 오합지졸에 불과합니다. 그러므로 "하늘에 계신 우리 아버지여"라고 기도할 때마다 우리의 우리 됨, 가족 됨, 하나 됨을 지켜 내겠다는 다짐을 해야 합니다. 성령이 하나 되게 하셨지만, 그 하나 됨을 힘써 지켜야 한다는 바울의 권면을 마음에 새겨야 합니다(엡 4:3).

이렇게 하나님을 부른 뒤 드리는 첫 번째 기도는 "이름이 거룩히 여김을 받으시오며"입니다. 거룩으로 번역된 헬라어 '하기아조'는 '거룩하게 하다, 경배하다'라는 뜻을 담고 있습니다. 그러므로 이 간구는 '아버지의 이름이 경배받기를 원합니다. 존경받기를 원합니다. 그 이름에 합당한 대접받기를 원합니다'라는 의미입니다. 주기도문의 모든 기도는 결국 이 한 마디를 위한 기도이고, 나머지 기도들은 이 기도의 성취를 위한 간구일지도 모릅니다. 그만큼 이 한 마디는 중요합니다.

이해를 돕기 위해 주기도문을 일곱 개로 나누어 보면, 세 가지는 하나님에 관한 기도이고, 다음 네 가지는 우리 자신에 관한 기도입니다. 예수님은 이 순서를 통해 우리 자신의 필요를 구하기 전에 먼저 하나님에 대해 기도해야 한다는 것을 가르쳐 주셨습니다. 그중에서도 가장 우선적인 것이 하나님의 이름을 위한 간구입니다. 다시 말씀드리지만 이 간구는 주님이 가르쳐 주신 기도의 핵심이며 결론입니다.

당시 문화에서 이름은 중요했습니다. 사람의 이름이 중요했으니 하나님의 이름은 말할 필요도 없을 것입니다. 주의 이름을 모독한 사람은 반드시 사형에 처해야 했으며(레 24:16), 십계명 역시 "너는 네 하나님 여호와의 이름을 망령되이 일컫지 말라"(신 5:11)라고 엄중히 경고합니다. 그러므로 주기도문 첫머리에 이 기도가 있음은 당연한 일입니다.

그런데 한편으로는 이상하기도 합니다. 이미 하나님의 이름은 거룩한 것이 아닌가요? 그런데 거룩하게 해 달라고 해야 할까요? 마치 가장 높은 산인 에베레스트산을 향해 가장 높은 산이 되게 해 달라거나, 가장 높은 산으로 인정받게 해 달라는 것과 비슷한 일 같습니다. 굳이 드릴 필요가 없는 기도처럼 느껴지기도 합니다.

이 기도를 드려야 하는 이유는 하나님의 이름이 제대로 대접받지 못하는 우리의 현실 때문입니다. 우리가 악한 생각과 말을 하는 미성숙한 죄인이며 이 세상은 악하고 깊이 타락했기 때문입니다. 개혁자 칼빈은 "이 기도는 하나님께서 받아 마땅한 그 영광을 받으시기를 구하는 기도이다"라고 말했습니다. 만약 하나님께서 이미 받아 마땅한 대우를 받고 계신다면 이 기도를 드릴 필요는 없을 것입니다.

그러나 세상에서 하나님의 이름은 존귀히 여겨지지 않습니다. 더욱 안타깝게도 세상이 하나님을 모욕하는 데에는 이 시대 교회와 그리스도인들의 책임이 적지 않습니다. '교회가, 그리스도인들이, 하나님의 이름을 진정 거룩히 여기고 있는가?' 긍정적인 대답이 쉽게 나오질 않습니다. 그러므로 이 기도는 이 시대 그리스도인들에게 절실하게 요구되는 기도입니다.

진정한 그리스도인은 이 기도를 드릴 수밖에 없습니다. 하나님을 사랑하는 자녀이기에, 하나님께서 세상에서 합당한 대우를 받지 못하는 것을 보면서 너무도 가슴 아파하기 때문입니다. 하나님께서 이 땅 모든 이들에게서 합당한 대접을 받으시길 원하기 때문입니다.

> 그의 자손은 내 손이 그 가운데에서 행한 것을 볼 때에 내 이름을 거룩하다 하며 야곱의 거룩한 이를 거룩하다 하며 이스라엘의 하나님을 경외할 것이며 **사 29:23**

이사야 선지자는 예루살렘이 그 죄악으로 인해 심판받을 것이지만, 하나님의 구원이 이루어진 이후에는 모든 것이 달라질 것이라고 선포했습니다. 가장 중요한 변화는 바로 "거룩한 이를 거룩하다 하며 이스라엘의 하나님을 경외"하게 될 것이라는 사실입니다. 이렇듯 거룩한 이를 거룩하다 말하는 것, 이것이 바로 주기도문에 담긴 첫 번째 청원의 응답이 아닐까요? 지극히 당연한 이 일이 이루어지기를 소원하는 것이 바로 이 기도인 것입니다.

아버지의 이름으로

이슬람권에서는 가문의 명예를 얼마나 소중히 여기는지 모릅니다. 가문을 더럽혔다고 생각되면 자기들이 정한 법과 규례에 따라 가차 없이 처벌합니다. 가문의 명예 앞에서 한 사람의 인권도 무시되고, 자식도 아끼지 않습니다. 그들뿐만 아니라 누구든 자신의 이름과 자존심을 짓밟는다면 분노할 것입니다. 설사 못난 부모라 할지라도, 누군가가 자신의 가족이나 부모를 함부로 대하고 말하면 기분 좋을 리 없습니다. 그런데 하나님에 대해서는 어떻습니까? 아버지의 이름이 더럽혀질 때 안타깝습니까? 거룩한 분노가 있습니까?

교회가 어려움을 당했다는 소식을 들을 때 마음이 아픈 이유는 하나님의 이름 때문입니다. 세상이 하나님을 비웃는 것이 싫기 때문입니다. 우리가 교회를 거룩하게 지켜 내고, 자랑스럽게 세워 가야 하는 이유는 우리 이름이 아니라 하나님의 명예 때문입니다. 우리가 하나님의 자녀답게 살아야 하는 이유는 하나님의 이름 때문입니다. 물론 하나님을 모르는 세상만이 하나님의 이름을 모독하는 것은 아닙니다.

이 일로 말미암아 여호와의 원수가 크게 비방할 거리를 얻게 하였으니 당신이 낳은 아이가 반드시 죽으리이다 하고 **삼하 12:14**

우리가 하나님의 뜻대로 살아가지 못하면, 하나님의 원수가 비방할 거리를 얻게 됩니다. 따라서 하나님의 이름이 거룩히 여김받기를 구하는 기도는 교회 밖 세상이 아니라, 내 삶에서부터 시작되어야 합니다. 교회에서부터 시작되어야 합니다. 자녀에게 존경받지 못하는 아버지가 어떻게 다른 이의 존경을 받을 수 있을까요? 이제 우리는 돌아서야 합니다. 자신의 이름을 높이려는 욕심을 버리고, 아버지의 이름을 높여야 합니다.

학자들에 의하면 '야훼'라는 단어를 실제로 어떻게 발음했는지 정확히 알기는 어렵다고 합니다. 그 옛날 유대인들은 이 단어를 감히 입에 담을 수가 없어서 손을 하늘 향해 올리는 것으로 대신했기 때문입니다. 그들은 하나님을 경외하는 마음으로 하나님의 이름을 발음하는 것조차 삼갔습니다. 우리는 쉽게 그들을 비판하곤 하지만, 이처럼 그들은 하나님의 이름을 소중하고 거룩하게 여겼습니다.

신학자 마르바 던(Marva J. Dawn)이 높고 가파른 계단을 오르고 있을 때 누군가가 뒤에서 이렇게 말했다고 합니다. "JESUS CHRIST!" 궁금해 사전을 찾아보니 그 문장에는 세 가지 뜻이 있었습니다. ① 예수 그리스도. ② (감탄사로써) 세상에! ③ 제기랄! 이 경우는 세 번째 의미로 쓰였습니다. 깜짝 놀란 그녀는 그 말을 한 소년에게 다가가 정중히 말했습니다.

네가 함부로 이름을 부른 그분은 내가 가장 사랑하는 분이란다. 앞으로는 그분의 이름을 그렇게 부르지 말아 주기를 바란다.

우리에게는 이런 마음, 이런 용기가 있습니까? 아버지의 이름이 함부로 불릴 때 속상하고 슬픕니까? "나는 하나님의 이름으로 욕하지 않는다"라고 자신할지도 모르지만, 우리의 말과 행실로 아버지의 이름을 욕되게 하고 있지는 않습니까? 만약 이 기도를 드리기 시작한다면, 우리의 삶이 우리의 기도와 일치하는지 물어야 합니다. 이 기도가 부담스러운 이유는, 그 내용이 삶으로 이어져야 하기 때문입니다.

> 주 하나님, 내 마음을 다하여 주님께 감사드리며, 영원토록 주님의 이
> 름에 영광을 돌리렵니다. **시 86:12, 새번역**

다윗은 예수님께 기도를 배우진 않았지만, 주기도문의 핵심을 알았던 사람입니다. 그의 기도 속의 '영광을 돌린다'라고 번역된 히브리어 '카바드'는 '명예롭다, 영광스럽다'라는 의미를 가진 동시에 '무겁다, 중량이 나간다'라는 뜻도 있습니다. 즉 그는 다른 신들의 이름은 가볍고 하찮지만, 주의 이름을 무겁고 중히 여기겠다고 노래하고 있는 것입니다. 우리도 마찬가지입니다. 그의 고백처럼 주의 이름을 아주 무겁게 여겨야 합니다.

하나님의 이름을 높인다고 말하면서, 실상은 하나님의 이름을 모독하고 자신이나 다른 존재를 높이고 있지는 않는지 돌아보아야 합니다. 하나님의 이름이 그리스도인과 교회 공동체 안에서 진정으로 높임을 받고 있는지 물어야 합니다. 또한 세상에서 하나님의 이름이 거룩히 여김받지 못함을 아파하고, 회개해야 합니다. 아버지 이름을 높이지 못했음을 부끄러워하는,

그 아픔과 회개에서 새로운 일이 시작될 수 있습니다.

"하늘에 계신 우리 아버지여 이름이 거룩히 여김을 받으시오며" 하나님의 나라는 손가락질하고 비방하는 사람들이 아니라, 이 기도를 드리는 사람들을 통해 이 땅에 임할 수 있습니다. 우리의 아버지는 기도를 들으시고 새 일을 행하시는 하나님이십니다.

결국 이 기도는 우리를 위한 기도입니다. 하나님의 이름이 짓밟힌 곳에서는 우리의 인생도 짓밟히기 때문입니다. 아버지가 존경받지 못하는 곳에서 그 자녀들도 업신여김을 당하는 것은 당연하지 않겠습니까? 그러나 평화이신 아버지의 이름이 높임받는 곳에는 평화가 임할 것입니다. 사랑이신 아버지의 이름이 높임받는 곳에는 사랑이 임할 것입니다. 그러니 아버지의 이름이 존중받는 그곳에서 그리스도인들도 행복할 수 있는 것입니다.

우리는 하나님의 이름이 거룩히 여김을 받게 해 달라는 기도를 더욱 간절히, 열심히 드려야 합니다. 그것이 우리가 살고 교회가 살고 세상이 사는 길입니다. 그러므로 이 기도는 나와는 아무런 관계가 없는, 그저 보이지 않는 하나님의 명예를 위한 신령하고 거룩한 기도가 아닌, 우리 모두를 위한 실제적인 기도입니다.

우리가 기도하기 시작할 때, 우리는 하나님의 이름에 관심을 갖게 될 것입니다. 땅에서 하늘로, 순간에서 영원으로, 나의 이름에서 아버지의 이름으로, 나의 유익에서 지체들의 유익으로 우리의 관심과 추구하는 것이 달라지게 될 것입니다. 지금부터 이 기도가 우리에게서 진지하고 강렬하게 시작되기를 바랍니다.

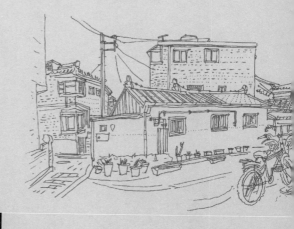

Chapter 2

나라가
임하시오며

나라가 임하시오며

뜻이 하늘에서 이루어진 것 같이 땅에서도 이루어지이다

마 6:10

하나님의 이름에 관한 주기도문의 첫 번째 기도를 묵상하다 보면 우리의 삶을 돌아보지 않을 수 없습니다. 우리가 제대로 살아야 우리의 하늘 아버지도 합당한 대우를 받으실 수 있기 때문입니다. 우리가 세상 풍조를 좇아 살지 않고, 인격과 성품이 따뜻하고 아름다우면 세상은 자연스레 궁금해할 것입니다.

"자식을 보니 부모가 참 훌륭한 분이신가 보다. 저들의 아버지는 대체 어떤 분이시기에 저들은 우리와 다를까?"

이렇듯 교회가 잘해야 하나님의 명예가 지켜집니다. 우리는 하나님의 자녀이므로 자신의 삶과 하나님의 이름을 따로 떼어 생각할 수 없습니다. 어느 날 한 성도가 말했습니다.

"목사님, 주기도문 첫 문장을 묵상하니 아버지의 이름을 거룩히 여기며 살고 싶다는 소원이 생겨요. 하지만 솔직히 말씀드리자면, 먹칠이라도 덜 하고 살았으면 좋겠습니다. 안타깝지만 그게 제 수준인 것 같아요."

그 심정 이해가 됩니다. 저도 같은 마음이니까요. 하지만 우리는 달라질 수 있습니다. 이전과 다른 것을 구하고, 이전과 다른 것을 이루며 삶을 살 수 있습니다. 우리가 대단해서가 아니라 하나님이 우리 안에서 새 일을 행하십니다. 그것을 믿기에, 우리는 교회로 모이고 예배드리는 것입니다. 말씀을 배우고 기도하는 것입니다.

우리는 '자신의 변화'에 대해 높은 기준과 기대치를 가져야 합니다. 다른 사람의 변화가 아니라 나의 변화를 소원하고 기대해야 합니다. '생긴 대로 살겠다. 저건 내게 너무 수준 높다. 상황과 여건이 좋지 않아서 어렵다. 몇십 년을 그렇게 살아왔는데 내 성격, 내 성품이 변하겠는가. 나는 상처가 너무 많아서 안 된다.' 속으로 이런 생각을 하고 있다면 그것부터 버려야 합니다. 그것은 하나님을 믿지 않는 불신앙입니다. 하나님은 되지 않을 일을 기대하지 않으십니다. 하실 수 없는 일을 하겠다 약속하지 않으십니다.

하나님의 영토

주기도문의 두 번째 기도는 "나라가 임하시오며"입니다. 먼저 한 가지 생각해 보고 싶은 것이 있습니다. 여러분에게는 자기가 속한 나라에 대한 자부심이 있습니까? 한 국가의 국민이라는 자긍심이 있냐는 말입니다. 애초에 부정과 부패, 가난과 불평등, 이런저런 사회 문제 등 다 열거하기도 힘들 정도로 많은 문제를 품고 있는 이 사회를 보게 되면 자부심을 갖기란 힘들지도 모르겠습니다. 한때 유행했던 '헬조선'이라는 자조적인 표현은 그런 우리의 가슴을 아프게 합니다. 하지만 세상에 그렇지 않은 나라가 몇이나 있을까요?

살짝 질문을 바꿔 보겠습니다. 자부심이 없다면 적어도 나라를 사랑하는 마음은 있습니까? 요즘은 애국심이라는 말을 잘

쓰질 않습니다. 저는 적어도 한 나라의 국민이라면 자기가 속한 나라를 사랑하고 아끼며 잘 되기를 바라는 마음을 가지는 것이 옳다고 생각합니다. 그래서 '이 나라는 안 돼. 우리는 민족성이 나빠'와 같은 말을 들으면 별로 기분이 좋지 않습니다. '다른 나라 다른 민족에 대해서 얼마나 안다고 저런 이야기를 하는가. 우리가 그렇게 썩어 빠진 소망 없는 민족인가' 하는 생각을 합니다. 국민들이 그리 생각한다면 '우리나라는 정말 소망이 없는 나라다'라는 생각도 듭니다.

자기가 속한 나라에 대한 자부심 없이 살아간다는 것은 참 슬프고 불행한 일입니다. 아주 가난한 나라의 국민이 있다고 상상해 보세요. 그는 자기 나라를 탈출하여 근처에 있는 잘사는 나라의 국민이 되고 싶을 것입니다. 이는 참 불행한 일입니다. 너무 부끄럽고 수치스러운 집안의 자녀가 있다고 상상해 보세요. 그 자녀는 자신이 누구의 자식인지를 밝히고 싶지 않아 할 것입니다. 이는 너무 슬픈 일입니다.

분명 우리는 두 가지 신분을 가지고 살아가는 사람들입니다. 육신적으로는 대한민국의 국민이며, 영적으로는 하나님 나라의 백성입니다. 우리의 시민권은 하늘에 있고, 우리는 예수님처럼 변화되는 그날을 기다리는 사람들입니다(빌 3:20). 이 땅의 나라에 속해 살아가지만 사실 이 세상의 나라에 속하지 않은 사람들이 우리인 것입니다. 우리는 하나님 나라의 백성들입니다. 그것이 진정한 우리의 국적입니다.

그렇다면 더 중요한 질문이 남아 있습니다. 우리는 하나님의 나라에 대한 자부심이 있습니까? 내가 하나님 나라의 백성임을 자랑하고 있습니까? 하나님의 나라가 너무 좋아서 이 세상 것들보다 더 사랑하고, 하나님의 나라가 속히 임하기를 기도하고 있습니까? 사람들이 이 나라를 모르는 것이 안타까워서 주변과 세상에 증거하고 있습니까?

예수님은 주기도문의 맨 앞에 "이름이 거룩히 여김을 받으시오며"라는 기도를 두셨고, 그다음에는 "나라가 임하시오며"라는 기도를, 그리고 마지막에 "뜻이 이루어지이다"라는 기도를 배치하셨습니다. 개혁주의 신학자 R. C. 스프로울(R. C. Sproul)은 《어떻게 기도할까》에서 그러한 순서에도 의미가 있다고 말합니다. 즉 하나님의 이름이 거룩히 여김을 받아야 이 땅에 하나님의 나라가 이루어지며, 하나님의 나라가 임하는 것은 결국 하나님의 뜻이 이루어진다는 의미라는 것입니다. 이 세 기도는 결국 뗄 수 없는 하나의 기도입니다. 같은 내용을 다르게 표현한 것이라 해도 과언이 아닙니다.

> 나라(kingdom)가 임하시오며 뜻이 하늘에서 이루어진 것 같이 땅에서
> 도 이루어지이다 **마 6:10**

여기서 '나라(kingdom)'는 영토적인 개념이 강한 단어입니다. 어원을 보면 king(왕)+dom(~의 영토), 즉 '왕의 영토'라는 의미임

을 알 수 있습니다. 우리는 나라의 세 가지 요소가 영토, 국민, 주권(통치)이라고 배운 바 있습니다. 한 나라에 있어서 영토는 매우 중요합니다. 자그마한 돌섬에 불과한 독도가 왜 중요할까요? 우리나라와 일본의 영토 경계를 정하는 데 매우 중요한 위치에 있기 때문입니다. 그래서 서로 소유권을 주장하고 있는 것입니다.

그렇다면 하나님 나라에 있어서 영토는 어떤 의미일까요? 하나님 나라의 영토는 세상의 나라와 그 개념이 조금 다릅니다. 세상의 나라들은 자신의 영토를 확장하기 위해 전쟁을 해서라도 땅을 차지하려고 합니다. 만약 하나님의 나라도 그렇다면, 우리는 전쟁을 하고 희생을 치러 땅을 차지해야 할 것입니다. 공간을 차지하고, 건물을 세우는 것이 교회의 최대 관심사요 목표가 되어야 할 것입니다. 그러나 하나님의 나라는 그런 식으로 확장되는 것이 아닙니다.

나라를 의미하는 헬라어 '바실레이아'는 영토라는 의미에 조금 더 무게가 실린 kingdom과는 달리 통치, 즉 '다스림'의 개념이 강한 단어입니다. 하나님 나라의 영토는 하나님이 통치하시는 모든 곳입니다. 하나님의 다스림 안에 들어오는 곳, 하나님의 뜻이 소중히 여겨지는 곳, 하나님의 지배 아래 있는 곳은 어디나 하나님 나라의 영토가 되는 것입니다. 이 개념은 "뜻이 하늘에서 이루어진 것 같이 땅에서도 이루어지이다"라는 세 번째 기도와도 연결됩니다. 하나님의 뜻이 이루어지는 곳이 하나님의 나라인 것입니다.

> 11여호와여 위대하심과 권능과 영광과 승리와 위엄이 다 주께 속하였
> 사오니 천지에 있는 것이 다 주의 것이로소이다 여호와여 주권도 주
> 께 속하였사오니 주는 높으사 만물의 머리이심이니이다 12부와 귀가
> 주께로 말미암고 또 주는 만물의 주재가 되사 손에 권세와 능력이 있
> 사오니 모든 사람을 크게 하심과 강하게 하심이 주의 손에 있나이다
> 대상 29:11~12

다윗이 하나님께 속하였다고 열거하고 있는 것들 하나하나
에 주목하면 놀랍습니다. 모든 것은 하나님의 것입니다. 천지
만물은 하나님이 지으셨고, 하나님의 허락이 없이는 참새 한
마리도 떨어지지 못합니다. 그런데도 우리는 종종 이렇게 착각
하는 것 같습니다.

"이것은 내 것인데 내가 하나님께 드리는 순간 비로소 그것
은 하나님의 것이 되는 것이다. 원래는 내 것인데 내가 은혜받
아서 하나님께 드리는 것이다."

이는 사실이 아닙니다. 나의 모든 것은 처음부터, 지금도 여
전히 하나님의 것입니다. 우리는 잠시 맡은 관리인(청지기)일 뿐
입니다. 욥은 이 사실을 알고 있었습니다. 그래서 자신의 모든
것을 잃었을 때에도 "주신 이도 여호와시요 거두신 이도 여호
와"이심을 고백했던 것입니다(욥 1:21, 2:10). 하나님은 모든 것의

주인이십니다. 우주 만물, 온 세상을 다스리는 왕이십니다. 우리가 인정하든 인정하지 않든 그것은 진리입니다.

이미와 아직

그렇다면 하나님이 이미 왕이시고, 이미 천하 만물의 주인이신데, 왜 하나님의 나라가 이 땅에 임하기를 기도해야 하는 것일까요? 하나님의 나라가 현재성과 미래성이라는 독특한 특성을 갖고 있기 때문입니다. 즉 하나님의 나라는 이미 시작되었지만, 아직 완성되지 않았기 때문입니다. 이를 두고 흔히 '이미와 아직(already but not yet)'이라는 표현을 사용합니다.

하나님의 나라는 예수님이 오셔서 복음의 씨앗을 뿌림으로 '이미' 시작되었지만, 추수하여 거둘 정도로 '아직' 완성되진 않았습니다. 성경은 지금이 알곡과 쭉정이가 뒤섞여 있는 때라고 말합니다. 하나님의 나라가 이 땅에 임하는 그날이 되면 알곡과 쭉정이는 나뉘어질 것입니다. 하나님의 나라가 완성되는 그날은 누군가에게는 구원의 날로, 누군가에게는 심판의 날로 임하게 될 것입니다.

하나님은 그날에 악한 자를 완전히 굴복시키고 꺾으실 것이며, 진정한 왕으로 천하 만민에게 높임을 받으실 것입니다. 그날은 하나님의 모든 뜻이 완전히 이루어지고, 하나님의 나라에 속한 모든 백성은 승리자가 되는 날입니다. 우리가 희미하게 알고 있었던 모든 비밀이 속 시원하게 밝혀지는 날입니다.

그리스도인들은 이미 우리 가운데 임한 하나님의 나라를 맛보고 경험하고 있지만, 또한 하나님의 나라가 온전히 이루어지는 그날을 기다리는 사람들입니다. 때문에 그리스도인들은 이렇게 기도할 수밖에 없습니다.

"아버지여, 아버지의 나라가 속히 임하기를 기도합니다. 하나님의 나라가 이루어지길 간절히 소망하고 기다립니다."

이미 시작된 하나님 나라의 완성을 구하는 이 기도는 모든 그리스도인이 드려야 하며, 드릴 수밖에 없는 간절한 기도입니다. 이 땅에 하나님의 통치가 완전히 이루어지기를 구하는 기도인 까닭입니다. 하나님의 나라는 예수님과 함께, 복음과 함께, 십자가와 함께 이미 시작되었지만 아직 완성되지 않았습니다. already but not yet! 그러니 어떻게 이 기도를 드리지 않을 수 있겠습니까? 그것은 참으로 이상한 일이 아닐까요?

평소에 저는 주기도문으로 자주 기도합니다. 이 기도를 드리면 드릴수록 주님께서 가르치신 이 기도에 제가 해야 할 모든 기도가 담겨 있다는 생각이 들었습니다. 참으로 힘이 있는 기도라는 사실도 느낍니다. 그리스도인들 중에는 자신을 작게 여기는 이들이 참 많은 것 같습니다. 자신을 보며 '나는 보잘것없는 사람이야. 내 기도가 도움이 되겠어? 나보다 신앙 좋은 사람도 많아. 나는 잠자코 가만있는 게 좋겠어'라고 생각하는 이들이 많습니다.

　하지만 예수님의 생각은 다릅니다. 예수님은 우리가 해야 하고, 할 수 있는 일이 있다고 말씀하십니다. "너희는 이렇게 기도하라"라고 말씀하십니다. 이 기도는 모든 하나님의 백성에게 가르쳐 주신 기도입니다. 우리가 하나님의 이름과 하나님의 나라와 하나님의 뜻을 위해 기도할 때, 하나님께서 그 기도를 들으시고 새 일을 행하실 것입니다. 우리의 기도가 이 땅을 고치시는 하나님의 도구가 될 것이라고 약속하신 것입니다.

기도를 바꿔라

　나 한 사람이 무엇을 기도하는지는 무척 중요합니다. 한 사람의 삶을 통하여, 한 사람의 헌신을 통하여 하나님의 나라는 이 땅에 임하기 때문입니다. 그래서 한 사람이 중요합니다.

　모든 인간은 본성적으로 이기적이고 자기중심적입니다. 우리에게는 남을 위해 희생하거나, 하나님의 나라와 같은 대의명분(大義名分)을 위해 살아가는 것이 자연스러운 일이 아닙니다. 자기 이름을 위해 살고, 자신의 편안과 안락을 위해 살고, 자기 가족의 유익을 위해 살아가는 것이 우리입니다. 그것이 죄로 오염된 옛 사람의 본성입니다.

　저도 마찬가지입니다. 하나님 나라를 위해 살고, 예수님의 뜻대로 살아가려면 매일 몸부림쳐 싸워야 합니다. 그래서 주님이 이 기도를 가르쳐 주신 것입니다. 주기도문으로 기도할 때 우리는 나를 넘어 하나님의 뜻을 헤아리며 살아갈 수 있습니다. 우리의 기도가 깊어지고 넓어지며, 우리 자신도 커지고 넓어질 수 있습니다.

주기도문에 비추어 우리의 기도를 살펴보지 않는다면 이기적인 기도, 아주 폭이 좁은 기도의 단계에 머무를 위험이 큽니다. 그저 나와 내 가족의 세상적 필요만 구하는 기도의 자리에 머무르게 될 수도 있습니다. 더 심각한 문제는 우리의 기도가 깊어지고 넓어지지 못하면, 생각과 마음도 커지고 넓어질 수 없다는 것입니다. 기뻐하는 이유도, 슬퍼하는 이유도, 나, 나, 나라는 울타리를 넘어서지 못하게 됩니다.

가만히 생각해 보세요. 누군가를 위해 희생해 본 적이 있습니까? 그럴 이유가 없는데, 예수님 때문에 나의 자존심을 꺾어 본 적이 있습니까? 보다 큰 대의명분을 위해, 하나님의 나라와 그 의를 위해 헌신해 본 적이 있습니까?

우리의 삶은 우리가 구하는 것과 깊은 관계를 맺고 있습니다. 기도의 내용과 기도의 넓이가 우리 삶의 깊이와 넓이를 결정해 줍니다. 기도와 삶은 이어져 있습니다. 따라서 자기중심적인 기도, 세상의 필요만 구하는 기도, 내 가족이라는 울타리를 넘어서지 못하는 기도는 우리를 이기적인 사람, 절대 손해 보지 않는 사람, 자기중심적인 사람으로 만들 것입니다. 그것은 하나님이 우리를 창조하셨을 때 기대하신 바가 아닙니다. 아버지께서 주고자 하셨던 풍성한 삶과는 거리가 멉니다.

주기도문은 우리를 그러한 자리에서 꺼내 아버지의 뜻과 하나님의 나라를 구하는 자리로 나아가도록 도와줍니다. 내가 아파하지 못했던 것을 아파하게 만들고, 내가 기뻐하지 못했던 것을 기뻐하도록 도와줍니다. 이전에는 전혀 관심이 없었던 일에 관심을 갖게 만듭니다. 우리의 삶을 더욱 크고 깊게 합니다. 그러니 얼마나 귀한 기도입니까!

성경을 보면 주인이 없는 집에는 떠났던 사단이 다시 돌아와 주인 노릇을 하려 듭니다(눅 11:24). 그곳에 자신의 나라를 세우려고 하는 것입니다. 그러므로 먼저 나의 마음에 하나님의 나라가 임해야 합니다. 이때 필요한 것이 '결단'입니다. 하나님을 왕으로 모시고 그 나라의 백성으로 그분의 통치와 다스림 안에서 살 것인지, 아니면 세상에 속한 사람으로 살아갈 것인지 선택해야 합니다. 우리 마음에 하나님의 나라가 임하길 결단하고 구해야 합니다.

하나님의 나라를 구하는 기도는 추상적인 기도가 아닙니다. 나의 삶, 나의 현실과 직접적으로 관계되는 실제적인 기도입니다. 우리의 마음에서조차 하나님의 다스림이 온전히 이루어지지 않기에 우리의 삶도 천국이 아니라 지옥 같을 때가 있고, 천국을 맛보라고 우리에게 허락하신 가정과 교회에서도 하나님 나라의 기쁨이 온전히 경험되지 못하는 것입니다.

때문에 우리는 먼저 나의 심령에 하나님의 나라가 임하기를 기도해야 합니다. 그리고 우리 가정에, 우리 교회에, 나아가 이 나라에, 이 땅에, 열방에 하나님의 나라가 임하여 하나님의 통치가 온전히 이루어지기를 기도해야 하는 것입니다. 순서라고 말할 수는 없겠지만, 굳이 따져 보자면 이런 순서가 필요합니다. 건너뛸 수가 없습니다.

우리가 천국에 이르게 되면 이 기도는 끝날 것입니다. 예수님께서 다시 오시는 그날 이 기도는 완성될 것입니다. 그때까지 우리는 날마다 이 기도를 드려야 합니다. 이미 하나님의 나라가 시작되었음에도 불구하고, 사단은 이 땅에 자기의 나라를 건설하려고 끊임없이 시도하고 있습니다. 그는 쉽게 우리를 포기하지 않습니다. 이 세상을 왕이신 하나님 앞에 내놓으려 하지 않습니다. 그러므로 정신을 바짝 차려야 합니다.

데마는 이 세상을 사랑하여 나를 버리고 데살로니가로 갔고 그레스게는 갈라디아로, 디도는 달마디아로 갔고 **딤후 4:10**

데마는 바울의 신실한 동역자였습니다(골 4:14, 몬 1:24). 그러나 그는 자신의 길을 완주하지 못했습니다. 한때 충성했고 헌신했던 데마가 왜 세상으로 돌아갔을까요? 세상을 사랑했기 때문입니다. 헬라어 '사랑하다'에는 '만족하다, 환대하다, 좋아하다'라는 뜻이 있습니다. 그중에서도 '환대하다'에 자꾸만 눈이 갑니다. 여러분 세상을 환대해 주지 마세요. 그러면 자꾸만 내 마음에 찾아옵니다. 자기를 환대해 주기 때문입니다.

데마의 마음은 하나님의 나라가 아니었습니다. 하나님의 다스림이 있는 하나님의 영토가 아니었던 것입니다. 그에게는 "나라가 임하시오며"라는 고백이 없었던 것입니다. 분명 주님 께서 가르쳐 주신 이 기도를 알았을 텐데 그는 이 기도를 드리 지 않았습니다. 이것은 데마만의 이야기가 아닙니다. 그 마음 에 하나님의 통치가 없다면 우리에게도 얼마든지 일어날 일입 니다. 그러므로 매일매일 순간순간 내가 주님의 통치 안에 있 는지 살펴야 합니다.

옛 역사를 공부하다 보면 지배자와 피지배자 간에 '충성 맹 세'를 했다는 표현이 나옵니다. 보통은 좋지 않은 의미로 사용 되지만, 사실 누구에게 충성 맹세를 하는지는 매우 중요합니 다. 무엇보다 사람에게 함부로 충성 맹세를 하지 마세요. 돈 앞 에, 권력 앞에, 명예 앞에서도 그리 하지 마세요. 오직 하나님 앞에서 충성을 맹세하시기 바랍니다. 그것이 우리의 삶에 하나 님의 나라가 임하기를 구하는 하나님 백성의 모습이라고 생각 합니다.

앞에서 우리는 이미 임한 하나님의 나라를 경험하며 사는 사람이며, 동시에 장차 완성될 하나님의 나라를 기다리는 사람이라고 말씀드렸습니다. 그렇다면 이 기다림의 시간을 어떻게 보내야 할까요? 아무것도 하지 않고, 그저 기다리기만 하면 되는 것일까요? 성경을 살펴보면 이미와 아직 사이를 살아가는 우리에게 몇 가지 중요한 사명이 있음을 알 수 있습니다.

첫째로 우리 자신이 하나님의 백성으로 사는 것입니다. 우리 삶에 하나님의 나라가 이루어져야 합니다. 저는 이것이 가장 중요하며 다른 사명의 기초가 된다고 생각합니다.

둘째로 더 많은 사람들이 하나님 나라의 백성이 되게 하는 것입니다. 하나님을 왕으로 모시고 살아가는 사람들이 많아질수록 하나님의 나라는 확장되기에 우리가 증인이 되어 복음을 전하고, 하나님을 왕으로 모시고 살도록 인도하는 것은 너무나 중요한 일입니다. 그래서 하나님의 나라를 사랑하는 사람, 하나님의 나라가 임하기를 기도하는 사람은 반드시 전도자가 됩니다. 그 나라를 소개하는 증인이 됩니다.

셋째로 이 세상에 하나님 나라의 법과 문화와 질서를 보여주고 변혁시키는 것입니다. 물론 쉽지 않은 일이지만, 이 역시 우리에게 주어진 중요한 사명입니다. 무엇보다 우리가 하나님 나라의 백성답게 사는 것이 중요한 출발점이 됩니다. 이는 아무리 강조해도 지나침이 없습니다. 우리가 하나님의 백성으로 살지 못하면 다른 사람을 하나님의 백성이 되게 할 수 없고, 이 세상에 하나님의 법과 질서와 문화를 보여 줄 수도 없기 때문입니다.

증인이 매력적이어야 증인의 메시지가 들립니다. 뭔가 달라야 그들이 전하는 것에 관심이 생기지 않겠습니까? "나는 이 세상의 짐에 눌려 우울하고 힘겹고 걱정 근심 가득하고 쫓기며 사는데, 나와 똑같은 세상을 살아가면서도 저 사람들은 나와 다르구나." 이런 반응들이 일어나야 우리가 속한 하나님의 나라에 관심을 갖게 되지 않겠습니까?

칼빈은 "보이지 않는 하나님의 나라를 보여 주는 것이 교회의 사명"이라고 말했습니다. 의미심장한 말입니다. 만약 누군가가 여러분에게 "그래 좋다. 하나님의 나라를 내게 보여 달라. 하나님 나라는 어떤 곳이냐"라고 묻는다면 어떻게 답하시겠습니까?

저에게는 다른 방법이 떠오르지 않습니다. 하나님의 나라를 이 세상에 보여 줄 수 있는 길은, 우리가 천국 시민으로 살아가며 우리의 삶과 인격으로 보여 주는 것뿐입니다. 성도와 교회가 자신의 삶으로, 말과 태도로, 하나님이 통치하시는 나라가 어떠한지를 보여 주는 수밖에는 없습니다.

보이지 않는 하나님의 나라를 세상에 드러내려면, 그리스도인들이 자신의 삶을 통해 나를 다스리는 왕이 하나님이심을 세상에 보여 주어야 합니다. 나의 말, 나의 행동, 나의 선택과 결정의 기준, 나의 인간관계, 나의 교육철학, 삶의 가치관 등 모든 것이 세상과 달라야 합니다. 그런 이들이 모인 교회가 보여 주는 하나님 나라의 질서와 삶이 매력적이고 아름다워야 합니다. 우리 스스로 그리 살아가지 않는다면 누가 우리처럼 살고 싶어 할까요?

우리가 교회를 사랑하고, 교회를 위해 기도하며, 교회를 교회답게 세워 가는 일에 헌신해야 하는 이유가 여기에 있습니다. 우리의 언어 행실이 달라야 하는 이유가 여기에 있습니다. 교회를 보며 세상은 하나님의 나라를 인식하고, 그리스도인들을 보며 세상은 하나님의 나라를 경험할 수 있는 까닭입니다.

샌프란시스코 노상에서 전도하던 아이언사이드(Ironside) 박사에게 한 무신론자가 도전장을 내밀었습니다. 다가오는 주일 오후 예수 신앙과 무신론의 공개 토론을 열고, 청중 동원과 비용을 자신이 부담하겠다는 도전이었습니다.

아이언사이드는 제안을 수락하는 조건으로 남녀 두 사람의 증인을 대동할 것을 요구했습니다. 그의 무신론을 믿은 뒤 거짓되고 음란하고 악독했던 사람이 정직하고 정결하고 사랑하는 사람으로 변하여 그 가족과 친구들이 신기하게 여기는 두 사람을 증인으로 데리고 오라는 것이었습니다. 자신은 하나님의 나라를 경험하고 새 삶을 살게 된 남녀 증인 백 명을 데려오겠다고 했습니다. 결국 그 토론회는 성사되지 못했다고 합니다.

주기도문이 은혜로운 기도인 동시에 부담스런 기도인 이유는 기도에 걸맞은 삶이 따라야 하기 때문입니다. 주기도문은 생각 없이 되뇌는 주문이 아니라 삶이 담보된 기도입니다. "나라가 임하시오며"라는 기도에 걸맞은 삶은, 하나님을 왕으로 모시는 삶을 의미합니다. 어떻게 이 세상에 하나님의 나라를 증거할 수 있을까요? 우리가 하나님의 백성답게 살고 교회가 세상의 조직이나 공동체와는 다른 질서, 사랑과 은혜와 섬김과 낮아짐이라는 하늘의 법으로 움직이는 것을 보여 주는 방법밖에는 없습니다. 그렇게 하나님의 백성답게 살아가는 사람들, 그러한 사람들이 모인 교회 공동체가 될 때 이 세상에 하나님 나라의 문화와 질서를 증거하고, 전파할 수 있습니다.

낮은 자리로

한 구세군 사관님에게 인상적인 이야기를 들었습니다. 미국 구세군 교단 전체가 모이는 행사가 있었는데, 그 행사에 이전에 교단 대표직을 맡았던 분이 참석했다고 합니다. 구세군 내에서 존경받을 뿐 아니라 여전히 영향력이 있는 분이셨습니다. 그런데 그분이 주요 내빈이 아닌, 깃발을 드는 기수로 참석하셨습니다. 축사를 하거나 감사패를 증정하기 위해 온 것이 아니라 깃발을 들고 서 있는 기수로 오셨다는 것입니다.

큰 감동을 받았습니다. 충분히 대접받을 만하고 섬김받을 만한데 도리어 작은 일로 섬기려 하다니, 저런 것이 하나님 나라의 모습이겠구나 생각했습니다. 교단 모임쯤 되면 당연히 그래야 하는데, 그런 일이 흔치 않기에 큰 감동이 되었습니다. 저도 나중에 좋은 자리에 권함받을 만한 나이와 위치에 있더라도 작은 일로 섬겨야겠다고 다짐했습니다. 오해는 마세요. 제가 교단의 총회장이 되고 싶다는 이야기는 아닙니다.

세상은 약육강식, 강한 자가 약한 자를 죽임으로 자신이 살아남는 문화입니다. 그래서 다툼이 끊이질 않습니다. 이겨야합니다. 밟아야 합니다. 자기 밥그릇은 자기가 챙겨야 합니다. 내놓고, 양보하고, 희생하고, 낮아지는 것은 바보 같은 짓입니다. 그러나 성경은 하나님의 나라가 이 세상과는 다르다는 사실을 분명하게 보여 줍니다.

하루는 예수님의 제자들 사이에서 '누가 크냐' 하는 다툼이 났습니다. 예수님은 그 제자들의 다툼을 계기로 하나님 나라에 대해 가르쳐 주셨습니다(눅 22:24~27).

하나님의 나라에서는 작은 자가 큰 자다. 섬기는 자가 큰 자다. 너희는 달라야 한다. 너희는 내 나라의 백성이다.

예수님은 말씀만 하신 것이 아니라 친히 제자들의 발을 씻김으로 그 본을 보여 주셨습니다. 그뿐만 아니라 만왕의 왕이신 예수님은 낮은 몸으로 낮은 곳에 오셔서 섬기는 삶을 살다가 십자가에 달려 죽기까지 우리를 섬기셨습니다. 그것이 하나님의 나라를 구하는 자들의 삶임을 보여 주신 것입니다.

이렇듯 우리에게도 하나님 나라를 보여 줄 사명, 세상의 문화를 하나님 나라의 문화로 변혁시켜 가야 할 책임이 있음을 잊지 말아야 합니다. 그러기 위해 우리는 먼저 하나님 나라의 문화와 질서를 우리 안에서 이루어야 합니다. 내 심령이, 우리 가정이, 우리 교회가 하나님이 통치하시는 하나님의 나라가 되기를 구해야 합니다.

우리가 하나님 나라를 사모하고, 하나님 나라가 이 땅에 임하기를 간절히 바라는 이유는 그분의 통치가 선하고 공의롭기 때문입니다. 하나님은 참으로 믿을 수 있고, 안심하고 따를 수 있는 왕이십니다. 우리가 그분의 백성이며 그분의 다스림을 받는다는 것은 놀라운 축복입니다.

"나라가 임하시오며" 이 기도는 결국 하나님께서 우리를, 이 세상을 다스려 주시기를 구하는 기도입니다. 우리가 그 다스림 안에 있겠다는 결단의 고백이기도 합니다. 막연하게 '아, 하나님의 나라는 좋은 것이니 어서 임하기를 바라는 것이 좋겠지'라고 생각할 것이 아니라 그 의미를 알고 기도해야 합니다. 이 기도는 하나님을 나의 왕으로 모시고, 철저히 그분의 다스림 안에 속하여 살겠다는 복종의 기도입니다. 그리하실 수 있겠습니까?

딸이 어릴 적에 이런 이야기를 한 적이 있습니다.

"아빠, 학교에 선생님이 계신 게 중요한 것 같아요. 애들은 선생님이 없으면 자기들 마음대로 할 수 있으니 선생님이 없으면 좋겠다 하는데, 막상 선생님이 안 계시면 난리가 날 거예요. 서로 싸우고, 욕하고, 큰소리치고. 선생님이 계셔도 사납고 질서가 없는데 안 계시면 어떨까요? 많은 어려운 일들이 생길 거예요. 선생님이 계셔야 해요."

아이들만 그럴까요? 아닙니다. 우리에게도 이 세상에도 그런 분은 필요합니다. 우리를 선하게 이끄실 왕, 세상을 공의로 다스릴 왕이 필요합니다. 그분이 바로 하나님이십니다. 그분이 다스리시는 곳, 그분의 이름이 합당한 대접을 받는 곳이 하나님의 나라입니다. 그래서 우리는 하나님의 나라가 임하기를 기도합니다.

이미 시작된 하나님의 나라는 오늘도 완성을 향해 나아가고 있습니다. 그 기다림의 시간 동안 우리는 주기도문으로 기도하고, 주기도문으로 살아야 합니다. 하나님을 왕으로 모시고 그 통치 안에서 살아가야 합니다. 그렇게 우리 예수 믿는 사람들의 모습, 그리스도인들이 모인 교회의 모습이 아름답고 매력적이어야 합니다. 바로 그런 삶을 통해서 오늘도 이 세상에 하나님의 나라가 이루어지고 있습니다.

Chapter 3

뜻이 하늘에서
이루어진 것 같이(1)

나라가 임하시오며

뜻이 하늘에서 이루어진 것 같이 땅에서도 이루어지이다

마 6:10

기도는 하나님의 자녀들에게 주어진 놀라운 특권이며, 역사를 바꿀 수 있는 능력의 통로입니다. 예수님은 사랑하는 자녀들이 기도를 통해 하나님께서 주고자 하시는 모든 은혜의 선물들을 누리기 원하실 뿐 아니라, 기도를 통해 새 일을 행하시는 하나님의 동역자가 되기를 바라십니다. 그래서 이 기도를 가르쳐 주셨습니다.

많은 사람이 인생의 고난이나 실패, 어떤 아픔이나 부족함으로 인해 기도를 시작하게 됩니다. 지극히 자연스러운 일입니다. 그러다 보니 기도는 우리의 필요에서 시작되는 경우가 많습니다. 따라서 그렇게 기도를 시작하는 것을 너무 부끄러워하지 마시기 바랍니다. 우리는 그렇게 기도를 시작하고, 기도를 배워 갑니다.

기도는 믿는 자라면 누구에게나 그 문이 열려 있습니다. 누구라도 기도를 시작할 수 있다는 뜻입니다. 동시에 기도는 바르게 배워야 하고 훈련될 필요가 있는 영적인 일이기도 합니다. 지금까지 오랫동안 기도해 왔다고 해서 배울 필요가 없는 것이 아닙니다. 기도는 여전히 성장이 필요하며, 반드시 성장해야 하는 영역입니다.

주기도문은 치우치기 쉽고, 편협해지기 쉬운 우리의 기도를 바로잡아 줍니다. 기도의 초보자부터 기도의 깊은 자리에 나아간 사람에게까지 도움이 되고, 교훈을 주는 참 신비한 기도입니다. 우리의 영적인 성장의 정도에 따라 이 기도의 깊이가 다르게 보입니다. 기도의 초보자에게 주기도문은 어렵지 않은 기도로 보이지만, 영적으로 성장하고 철이 들기 시작하면 주기도문의 깊이가 측량하기 쉽지 않다는 것을 깨닫게 됩니다.

하나님을 향한 세 가지 청원

"하늘에 계신 우리 아버지여"라는 부름으로 시작된 주기도문은 하나님에 관한 세 가지 청원으로 이어집니다. "이름이 거룩히 여김을 받으시오며"라는 첫 번째 기도와 "나라가 임하시오며"라는 두 번째 기도는 우리의 정체성을 묻는 질문이기도 합니다. 이 질문은 "그러므로 너희는 이렇게 기도하라"라는 예수님의 말씀에도 담겨 있습니다. 즉 우리는 하나님 나라에 속하였기에 세상과는 다른 것을 구하고 기도해야 한다는 말씀입니다.

우리는 이 땅에 터를 두고 살아가지만, 이 땅에 속한 사람이 아닙니다. 이런 자신의 소속과 정체성을 분명히 아는 사람들만이 "이름이 거룩히 여김을 받으시오며 나라가 임하시오며"라고 기도할 수 있습니다. 만일 우리가 이 세상이 전부라고 여기거나 이 세상을 바라보고 사랑한다면 아버지의 나라가 속히 임하기를 기도할 수 없을 것입니다. 이 기도는 이 세상에 소망을 두지 않고 하나님의 나라를 사모하며 기다리는 이들만의 고백입니다.

아버지, 아버지의 나라가 임하는 것은 좋지만 속히 임하는 것은 고려
해 주세요. 그동안 투자하고 수고한 것이 아까우니, 우리 아들 좋은
대학에 합격한 다음에 오시면 좋겠습니다. 이제 막 시작한 사업이 번
창한 이후면 좋겠습니다. 제가 꿈꾸던 자리에 오른 다음에 오시면 좋
겠습니다.

혹시 우리 중에도 이런 속내를 가진 이들이 있진 않을까요?
그런 이들은 진심으로 하나님 나라를 구할 수 없습니다. 세상
에 미련이 있고, 아쉬운 것이 많기 때문입니다. 그러나 하나님
의 나라를 사랑하고 기다리는 사람들은 아무런 주저함이 없이
아버지의 나라가 속히 임하기를 기도할 수 있습니다. 성경은
이 땅의 삶을 '나그네의 여정'에 비유합니다. 이 땅에 집이 없는
사람들이라는 것입니다. 이 땅이 우리의 영원한 안식처가 아니
라는 것입니다.

우리는 종종 일상을 벗어나 여행을 가곤 합니다. 그곳에서
이채로운 경험과 행복한 시간을 보내고, 평소 먹어 보지 못한
맛있는 것을 먹기도 합니다. 하지만 여행은 끝이 있습니다. 우
리는 다시 집으로 돌아가야 합니다. 여행지가 아무리 좋아도,
혹은 아무리 힘겨워도 그곳은 잠시 머무르는 곳에 불과하기 때
문입니다. '여독(旅毒)'이라는 말이 있습니다. 여행으로 말미암

아 생긴 피로나 병을 의미합니다. 여행지가 아무리 좋아도, 우리는 그 여행을 마치고 집으로 돌아와서야 깊이 잠들고 편히 안식을 취합니다. "역시 집이 최고야!"라는 말을 하기도 합니다. 어떤 분은 제게 이런 이야기도 하셨습니다.

"목사님, 여행은 집이 좋다는 걸 알기 위해 가는 것 같아요."

성경은 우리가 나그네 삶을 살고 있다고 말합니다. 이 땅에서 무엇을 쌓는 것에 인생 전부를 걸지 말라고 교훈합니다. 쉽지 않은 일이겠지만 이러한 성경의 교훈을 마음에 담고 사는 이들이 많았으면 좋겠습니다. 사랑하는 사람, 가족, 친구들에게도 이 인생의 진리를 꼭 가르쳐 주면 좋겠습니다. 우리가 어느 나라에 속하였는지를 기억해야 합니다. 우리는 이 세상의 나라에 모든 것을 걸고 사는 사람들이 아닙니다.

뜻이 하늘에서 이루어진 것 같이 땅에서도 이루어지이다 마 6:10

이제 주기도문의 세 번째 청원을 묵상해 보고자 합니다. 이 기도의 핵심은 아버지의 뜻이 이루어지기를 구하는 것입니다. 하나님의 나라를 구하는 사람이 하나님의 뜻이 이루어지기를 구하는 것은 너무도 자연스러운 일입니다. 그런데 '하늘'과 '땅'이라는 두 개의 장소가 우리의 눈길을 사로잡습니다. 예수님은 단순히 아버지의 뜻이 이루어지기를 기도하라고 가르치신 것이 아니라 구체적인 공간을 말씀하셨습니다.

하늘과 땅은 지극히 대조적이고 전혀 다른 차원의 공간입니다. 땅은 인간이 살아가는 공간입니다. 반면 하늘은 하나님의 공간이며 그곳에서는 하나님의 명령이 온전히 집행되고 있을 뿐 아니라, 미래에 완성하실 모든 일이 하나님의 주권 아래에서 그때를 기다리고 있습니다. 신학자 톰 라이트(N. T. Wright)는 《주기도와 하나님 나라》에서 머지않아 "하나님의 공간과 우리의 공간이 온전하게 결합하고 통합되는 날"이 올 것이라고 설명합니다.

하늘과 땅은 지금도 연관되어 있지만, 온전하게 하나가 되는 날이 이르게 될 것입니다. 그리스도인들은 그것을 믿을 뿐 아니라 그날을 기다리는 사람들입니다. 그러므로 뜻이 하늘에서 온전히 이루어지고 있는 것처럼 이 땅에서도 이루어지기를 기도하게 됩니다. 자연스러운 수순입니다.

욥기는 이러한 하늘과 땅의 관계를 아주 잘 보여 줍니다.

> 6하루는 하나님의 아들들이 와서 여호와 앞에 섰고 사탄도 그들 가운데에 온지라 13하루는 욥의 자녀들이 그 맏아들의 집에서 음식을 먹으며 포도주를 마실 때에 **욥 1:6, 13**

6절은 하늘에서 있었던 일이며, 13절은 땅에서 있었던 일입니다. 욥기는 하늘의 일과 땅의 일을 번갈아 가며 기록하고 있는 독특한 책입니다. 욥기의 저자는 욥에게 일어난 땅의 일들이 있기 전에 하늘에서 중요한 회의가 있었다고 말합니다. 땅의 일이 하늘의 일과 깊은 관계를 맺고 있다는 것을 우리에게 알려 주는 것입니다. 하늘의 일을 이해하고 아는 만큼 땅의 일도 이해할 수 있다는 사실을 말하고 있는 것입니다. 하늘과 땅의 관련성에 대해 예수님께서도 이런 말씀을 하셨습니다.

> 진실로 너희에게 이르노니 무엇이든지 너희가 땅에서 매면 하늘에서도 매일 것이요 무엇이든지 땅에서 풀면 하늘에서도 풀리리라 마 18:18

여기서 하늘과 땅은 두 번이나 연결됩니다. 다만 욥기와 차이가 있다면 이 말씀은 하늘의 일만큼, 땅에서 하는 일 또한 중요함을 강조합니다. 마치 땅에서 하는 일이 하늘의 일에 영향을 미칠 수 있다고 말씀하시는 것처럼 느껴지기도 합니다. 신기하게도 이 말씀은 곧바로 기도에 대한 가르침으로 이어집니다.

> 진실로 다시 너희에게 이르노니 너희 중의 두 사람이 땅에서 합심하여 무엇이든지 구하면 하늘에 계신 내 아버지께서 그들을 위하여 이루게 하시리라 마 18:19

이 땅에서 두 사람만 합심하여 기도해도 하늘에 계신 하나님께서 '그들을 위하여' 이루신다는 놀라운 말씀입니다. 땅에서 드리는 기도에 그런 능력이 있다는 것입니다. 겨우 두 사람의 기도가 하나님의 역사를 불러일으키는 원인이 될 수 있습니다. 이것이 사실이라면 우리는 오늘부터 합심해서 기도할 사람을 찾아 기도를 시작해야 합니다. 악의나 정욕으로 구하는 기도만 아니라면, 기도는 반드시 어떤 일을 일으킬 것이기 때문입니다. 성경이 그렇게 말씀합니다.

기도에 답하시는 하나님

주기도문은 하늘에서 드리는 기도가 아니라 땅에서 드리는 기도입니다. 그런데 예수님은 두 사람이 땅에서 합심하여 기도하면 하늘에 계신 아버지께서 이루실 것이라고 약속하셨습니다. 우리가 땅에서 드리는 기도를 들으시는 분이 하늘에 계신 아버지이시기 때문입니다. 하늘에 계신 그분은 땅의 일을 매고 풀 수 있는 분이기 때문입니다. 그러므로 "뜻이 하늘에서 이루어진 것 같이 땅에서도 이루어지이다"라고 기도하는 것은 중요합니다.

이렇게 생각하는 이들도 있을 것입니다. '우리가 기도하든 하지 않든 이미 하나님의 뜻은 정해진 것 아닌가? 결국은 그분의 뜻대로 이루어지는 것이 아닌가? 그렇다면 우리가 기도하는 게 무슨 의미가 있는가? 굳이 하나님의 뜻대로 되기를 기도할

필요가 있는가?'

그렇지 않습니다. 예수님께서 우리에게 아무 의미 없는 일을 요구하실까요? 예수님은 두세 사람이 합심하여 기도하면 하늘에 계신 아버지께서 그들을 위하여 이루실 것이라고 분명히 말씀하셨습니다. 그 깊은 의미를 다 알 수는 없지만, 땅에서 매고 푸는 행위가 하늘의 일에 어떤 영향을 미칠 수 있다는 의미인 것만은 분명합니다.

우리는 하나님의 뜻이 정해져 있다고 생각하는 경우가 많습니다. 하나님의 주권을 운명론적인 개념으로 이해하기도 합니다. 그러나 하나님이 어떤 분이신지, 우리 아버지의 성품이 어떠한지를 헤아려 볼 필요가 있습니다. 성경이 말하는 하나님은 기도를 듣고 반응하는 분이십니다. 하나님은 우리와 대화하고 교제하는 분이십니다. 일방통행이거나 꽉 막힌 고집스러운 분이 아니십니다.

물론 하나님께는 절대적인 주권이 있습니다. 그 누구도 하나님을 대적할 수 없습니다. 그러나 하나님과 대화하고 교제하고 동행하는 신앙생활을 해 본 사람은 압니다. 신앙이란 운명론이라거나 꽉 짜여진 시나리오에 맞춰 살아가는 것이 아닌, 은혜 안에서 자유롭고 유연하게 사는 삶이라는 것을 말입니다. 하나님과 우리는 인격적이고 친밀한 관계 안에 있음을 깨닫게 되는 것입니다. 참 신비한 일입니다.

참된 신앙생활이란 운명이기 때문에 어쩔 수 없이 걷는 길이 아니라, 나의 품은 뜻이 주의 뜻과 연결되어 기쁨으로 순종하고 따라가는 자유와 행복의 여정입니다. 그러므로 하나님의 뜻은 이미 정해져 있고 그 뜻대로 될 것이기에 나의 기도는 아무런 의미가 없다거나 기도할 필요가 없다는 생각은 올바른 것이 아닙니다.

하나님은 에스겔 선지자를 통해 이스라엘의 심판과 구원을 선포하셨습니다. 1장부터 32장까지 이스라엘과 열방의 죄가 드러나고 그로 인한 무서운 심판의 말씀이 주어집니다. 이런 메시지가 33장을 기점으로 크게 변합니다. 구원과 회복이 선포되기 시작합니다. 심판과 구원, 이 모든 것은 하나님께서 하실 일입니다. 인간의 힘으로 할 수 있는 일이 전혀 아닙니다. 그럼에도 하나님은 이렇게 말씀하십니다.

> 주 여호와께서 이같이 말씀하셨느니라 그래도 이스라엘 족속이 이같이 자기들에게 이루어 주기를 내게 구하여야 할지라 겔 36:37

이 모든 일이 하나님께서 하실 일임에도 불구하고 이스라엘 족속이 구해야 한다고 말씀하십니다. 어떤 성경은 "이 일을 위해 나에게 기도하게 만들겠다"라고 번역했습니다. 하나님께서 그리하라시면, 우리는 따라야 합니다. 이 말씀에 순종하여 기도해야 합니다.

이러한 말씀들에 비추어 보면, 우리의 기도는 땅의 일에 영향을 미칠 수 있음이 분명합니다. 어쩌면 속도에 영향을 미칠지도 모르고, 그 과정에 영향을 끼칠지도 모릅니다. 성경을 봐도 하나님께서 사랑하는 종들의 기도를 들으시고, 어떤 일을 유보하거나 한 번 더 기회를 주시는 경우가 자주 나옵니다. 분명한 것은 하나님이 우리와 함께 일하기를 원하신다는 사실입니다. 혼자 하는 것이 훨씬 빠르고 편하실 텐데, 우리와 함께하기를 원하십니다. 우리에게 하나님 나라에 참여하는 기쁨을 주시려는 것입니다. 그것이 기도입니다.

> 6나는 심었고 아볼로는 물을 주었으되 오직 하나님께서 자라나게 하셨나니 7그런즉 심는 이나 물 주는 이는 아무 것도 아니로되 오직 자라게 하시는 이는 하나님뿐이니라 8심는 이와 물 주는 이는 한가지이나 각각 자기가 일한 대로 자기의 상을 받으리라 9우리는 하나님의 동역자들이요 너희는 하나님의 밭이요 하나님의 집이니라 **고전 3:6~9**

궁극적으로 모든 일을 이루시는 분은 하나님이시지만 하나님은 심고 물 주는 동역자를 찾으십니다. 하나님은 그 뜻대로 이루어지기를 구하는 이들을 통해 역사하시는 것입니다. 그러므로 지금 당장 땅에서 매고 푸는 일을 시작하기 바랍니다.

"뜻이 하늘에서 이루어진 것 같이 땅에서도 이루어지이다"

이 문장을 가만히 살펴보면, 예수님께서는 아버지의 뜻이 하늘에서 온전히 이루어지는 것처럼 이 땅에서도 그런 것은 아니라는 사실을 암시하고 계신 것 같습니다. 하나님 나라를 설명할 때 나누었던 것처럼, 하나님의 나라는 이미와 아직 사이에 있습니다. 예수님과 함께 이미 이 땅에 임하였지만(현재성), 아직 완성되지 않았습니다(미래성).

이것이 우리가 이렇게 기도해야 할 이유입니다. 멀리 볼 것도 없습니다. 나의 삶에서 아버지의 뜻은 온전히 이루어지고 있습니까? 하늘에서 이루어지는 하나님의 뜻이 내 삶 구석구석에 제대로 실현되고 있습니까? 자신 있게 "그렇다"라고 답할 수 있는 사람은 없을 것입니다. 하나님을 아버지라 부르는 우리의 삶에서도 그러하다면, 이 땅은 어떠하겠습니까?

도리어 이 땅에서는 하나님의 뜻이 좌절되는 것처럼 보이기도 합니다. 이 땅에서 하나님의 영향력은 크지 않아 보이고, 사단이 주인이 된 것처럼 느껴집니다. 인간은 종종 의도적이고 명백하게 하나님의 뜻을 거역합니다. 세상은 권력과 돈을 가진 힘 있는 자들의 뜻대로 되는 것처럼 보입니다. 이 시대를 사는 우리만 갖는 생각이 아닙니다. 시편에도 이런 탄원이 있습니다.

2나는 거의 넘어질 뻔하였고 나의 걸음이 미끄러질 뻔하였으니 3이는 내가 악인의 형통함을 보고 오만한 자를 질투하였음이로다 4그들은 죽을 때에도 고통이 없고 그 힘이 강건하며 5사람들이 당하는 고

난이 그들에게는 없고 사람들이 당하는 재앙도 그들에게는 없나니

시 73:2~5

인간은 때때로 의도치 않게 악을 행하기도 합니다. '내가 왜 그랬을까?' 스스로 괴로워할 만한 악한 생각, 후회할 말과 행동들로부터 우리는 자유롭지 못합니다. 이 세상에 죄가 들어와 우리를 더럽히고, 세상을 오염시켜 버렸기 때문입니다. 2011년 후쿠시마 원전 사고로 방사능이 노출된 사건을 생각해 보면 쉽게 이해가 될 것입니다. 방사능은 우리 눈에 보이지 않지만 그 파괴력과 비참함은 상상을 초월합니다. 세월이 흘러도 그 영향력이 얼마나 남아 있는지, 더 세월이 흐른 후 어떤 파괴적인 결과를 낳을지 우리는 알 수 없습니다.

그런데 죄의 권세, 악의 힘은 그보다 더 강합니다. 온 세상 모든 인간의 마음을 더럽히고 오염시켜 버렸습니다. 그래서 우리는 세상 유혹에 아주 쉽게 넘어집니다. 안 해야지 하는 일을 하고, 하지 말아야지 하는 말을 해 버립니다. 오늘날 세상에 악한 일들이 얼마나 많이 벌어지고 있습니까? 뉴스를 보다가 자녀가 볼까 무서워 채널을 돌려야 하는 사건이 비일비재합니다. 하나님의 은혜가 아니면 도무지 소망이 없는 곳, 그곳이 우리

가 사는 이 땅입니다.

이 기도는 그런 우리의 마음에, 이 땅에, 하나님의 뜻이 이루어지기를 구하는 기도입니다. 하늘에서 하나님의 뜻이 이루어지듯 말입니다. 조금만, 일부만 이루어지기를 구하는 것이 아닙니다. 하늘에서 이루어지는 것처럼 온전히 이루어지기를 구합니다. 굉장한 기도이며 엄청난 간구입니다. 그러므로 깊은 신학적 성찰을 하지 않더라도, 이것은 우리가 드려야 할 기도가 분명합니다.

이 기도는 결코 쉽지 않습니다. 우리에게는 우리 자신의 뜻을 이루는 게 가장 중요하기 때문입니다. 그래서 하나님의 뜻이 이루어지기를 구하는 것은 자주 우선순위에서 밀려나고, 선뜻 구하기를 망설이기도 합니다. 물론 거듭난 그리스도인이라면 하나님의 뜻에 관심이 있고, 궁금해할 것입니다. 하지만 현실에서는 우리 자신의 뜻이 더 중요하고 그 뜻이 이루어지기를 바라는 마음이 더욱 간절합니다.

우리는 하나님의 뜻을 잘 몰라서 순종하지 못한다고 핑계 대며 하나님의 뜻을 알고 싶다고 이야기합니다. 하지만 솔직히 말하자면 이미 알고 있는 하나님의 뜻에도 순종하며 살고 있지 않은 경우가 많습니다. 하루는 어떤 성도가 이런 고백을 했습니다.

"목사님, 하나님을 알고 아버지의 뜻을 조금씩 알아 가니 마음이 불편하네요. 마음에 걸리는 것도 많고요. 아는 대로 살지 못하는 것도 죄송하네요."

그 심정이 충분히 이해가 됩니다. 때문에 이 기도는 만만치 않은 기도입니다. "뜻이 하늘에서 이루어진 것 같이 땅에서도 이루어지이다"라는 고백의 의미를 헤아리다 보면, 이 기도의 무게가 더 무겁게 느껴질 것입니다. 정말 이 기도대로 되어도 되겠습니까? 나의 생각이나 계획이 아니라, 하나님께서 뜻하신 대로 나의 인생과 미래를 이끌고 가셔도 되겠습니까?

'땅에서' 이루어진다는 것이 추상적으로 들리지만, 거기에는 나의 삶과 가정, 직장, 사업, 건강 등 모든 것이 포함됩니다. 정말로 나의 삶이 나의 뜻이 아니라 아버지의 뜻대로 되어도 되겠습니까? 예수님은 겟세마네 동산에서 이 기도의 본을 보이셨습니다.

> 조금 나아가사 얼굴을 땅에 대시고 엎드려 기도하여 이르시되 내 아버지여 만일 할 만하시거든 이 잔을 내게서 지나가게 하옵소서 그러나 나의 원대로 마시옵고 아버지의 원대로 하옵소서 하시고 **마 26:39**

십자가를 앞둔 예수님은 이렇게 기도하셨습니다. 한 번이 아니라 반복해서, 거듭 그렇게 기도하셨습니다. "아버지, 저는 아버지의 뜻을 따르는 것이 두렵고 자신 없습니다. 할 수만 있다면 피하고 싶습니다. 그러나 저는 아버지의 뜻을 따를 것입니다." 너무도 진솔한 기도였습니다. 이 예수님의 기도는 아버지 앞에서 나의 감정과 생각을 그럴듯하게 포장할 필요가 없음을 가르쳐 줍니다. 내 감정을 있는 그대로 솔직하게 말씀드리면 되는 것입니다. 그 솔직한 고백 속에서 아버지의 뜻을 따를 용기와 자유를 얻을 수 있습니다.

예수님은 주기도문을 가르치셨을 뿐 아니라 그 기도를 살아 내셨습니다. 겟세마네 동산에서 드리신 기도가 그런 기도입니다. 나의 뜻은 이러하지만 그저 참고만 해 주시고, 모든 것이 아버지의 뜻대로 되기를 원한다는 기도, 절대 순종의 기도를 드리신 것입니다.

이 기도는 복종과 위탁의 기도입니다. 순종의 선언이며, 하나님 나라의 일꾼이 되겠다는 서명이기도 합니다. "하나님, 하나님의 뜻을 이루는 데 필요하다면 저를 마음껏 사용해 주세요. 이 생명 다하여 충성하겠습니다"라는 기도입니다. 그야말로 엄청난 기도인 것입니다.

항복의 방

《친밀한 기도》의 저자 래리 크레이더(Larry Kreider)는 주기도문을 열두 개의 방으로 풀어서 설명했습니다. 예를 들어 "하늘에 계신 우리 아버지여"는 '가족의 방'으로, "나라가 임하시오며"는 '선포의 방'으로 비유합니다. 그렇다면 "뜻이 하늘에서 이루어진 것 같이 땅에서도 이루어지이다"라는 기도에는 어떤 이름을 붙였을까요? 바로 '항복의 방'입니다. 그는 항복이 우리가 가진 모든 것, 즉 재산과 시간과 권리에 대한 모든 소유권을 넘기고 지배권을 포기하는 것을 의미한다고 말합니다.

세상에서 항복은 부정적인 의미로 사용됩니다. 전쟁에서 항복한다는 것은 승리에 대한 모든 희망을 포기한다는 의미입니다. 슬프고 비참한 일입니다. 그러나 믿음 안에서는 다릅니다. 하나님께 항복하면, 곧 모든 것이 하나님 뜻대로 이루어지기를 구하면 그때부터 우리 삶은 달라집니다. 그래서 저는 고백합니다. "하나님 이제 하나님과 싸우지 않겠습니다. 제 뜻을 고집하며 하나님을 이기려 하지 않겠습니다. 아버지의 뜻이 제 삶에 온전히 이루어지기를 원합니다. 아버지의 뜻을 따르고, 그 뜻을 이루고자 노력하며 살겠습니다."

이런 믿음의 태도를 아주 잘 담고 있는 찬송이 〈천부여 의지 없어서(338장)〉입니다. "천부여 의지 없어서 손들고 옵니다. 주 나를 박대하시면 나 어디 가리까. 내 죄를 씻기 위하여 피 흘려 주시니 곧 회개하는 맘으로 주 앞에 옵니다." 이는 하나님 앞에 항복한 사람의 신앙고백입니다. 그런데 이 항복은 세상이 말하는 소망이 없는 패배, 비참함의 시작이 아닙니다. 이 항복의 자리에서 새로운 삶이 시작되기 때문입니다.

성경에 나오는 하나님의 사람들은 하나님께 항복한 사람들이었습니다. 바울은 다메섹 도상에서 하나님께 항복했습니다.

그날은 그의 삶에 새로운 일이 시작된 날이었습니다. 모세는 호렙산 떨기나무 앞에서 자신의 뜻을 꺾고 하나님께 항복했습니다. 그날은 그가 다시 태어나는 날이었습니다. 베드로는 나를 따르라는 예수님의 부르심 앞에 배와 그물을 버리고 주님을 좇았습니다. 그날은 그가 새로운 존재(사람 낚는 어부)가 되는 날이었습니다.

우리는 하나님께 항복했습니까? 이는 결코 쉽지 않은 일입니다. 인간은 끝까지 버티는 존재입니다. 틈만 나면 바벨탑을 쌓는 교만한 존재입니다. 할 수만 있다면 자기 힘과 자기 뜻과 자기 의로 살려는 존재입니다. 화장실 들어갈 때와 나올 때 마음이 달라지는 변덕스러운 존재입니다. 그래서 우리는 고난과 실패를 통해 항복하는 경우가 많습니다. 그 막다른 길에 이르기 전까지는, 웬만해서는 자기 뜻과 의지를 꺾고 항복하지 않기 때문입니다.

그런데 항복하기가 어렵지, 항복하면 삶이 달라집니다. 이 항복이 우리를 변화시킵니다. 우리를 자유롭게 합니다. 우리를 안식하게 합니다. 내 힘이 아니라 하나님의 능력을 의지해서 살게 하기 때문입니다.

사단은 우리의 능력과 재산과 지식을 두려워하지 않습니다. 우리가 우리의 뜻을 주장하며 살아갈 때 두려워하지 않습니다. 그러나 우리가 하나님 앞에 항복하고 하나님의 뜻을 구하는 기도를 하기 시작하면 두려워합니다. 우리의 삶이 하나님의 뜻대로 되는 것, 하나님의 뜻이 하늘에서 이루어지는 것처럼 땅에서도 이루어지는 것, 그것은 사단의 나라가 무너지고 하나님의 나라가 임하는 것을 의미합니다. 그렇게 기도하는 사람을 좌지우지할 수 없기 때문입니다.

한 선교사님의 이야기입니다. 그분은 기독교 가정에서 태어나지 않았습니다. 한때는 마약에 절어 살았습니다. 그런데도 십 대 후반에 하나님을 만난 후 아버지께 자신의 삶을 의탁하고 아시아 지역 선교사로 헌신했습니다. 누군가가 그분에게 물었습니다. "선교사님의 삶은 어떻게 그렇게 극적으로 변화됐나요?" 그러자 조금도 주저함 없이 이렇게 답했습니다.

"저는 하나님께 항복했습니다."

나는 하나님께 항복했습니까? 하나님과 싸워 이기고 나의 뜻을 관철시키겠다는 생각을 포기했습니까? 하나님보다 내가 더 지혜롭다는 생각, 나에 대해서는 내가 더 잘 안다는 생각을 내려놓았습니까? 내 자녀에 대해서는 내가 더 잘 아니까 내 뜻대로 해야 된다는 생각, 포기하셨습니까? 내 사업 내 일에 관해서는 내가 더 전문가이니 내 방식대로 해야 된다는 생각, 버리셨습니까? 그것이 항복하는 것입니다.

이 기도는 어렵고 부담스러운 기도입니다. 그러나 동시에 우리를 새롭게 하는 놀라운 기도입니다. 우리를 강하게 하고, 자유롭게 하는 기도입니다. 누가 이렇게 기도할 수 있을까요? 바로 하나님의 선하심을 믿는 사람입니다. 하나님의 뜻은 선하다는 사실을 믿는 사람입니다.

우리를 향한 하나님의 뜻이 선함을 믿습니까? 하나님이 우리 가정과 교회와 이 시대를 향해 선한 뜻을 가지고 계심을 믿습니까? 그렇다면 "뜻이 하늘에서 이루어진 것 같이 땅에서도 이루어지이다"라고 기도할 수 있을 것입니다. 진심으로 간구할 수 있을 것입니다. 그 기도가 우리의 삶과 가정과 교회와 세상에 하나님의 뜻이 이루어지게 만들 것입니다. 그것을 상상하는 것만으로도 가슴이 벅차오릅니다.

Chapter 4

뜻이 하늘에서
이루어진 것 같이(2)

나라가 임하시오며

뜻이 하늘에서 이루어진 것 같이 땅에서도 이루어지이다

마 6:10

C. S. 루이스(C. S. Lewis)의 소설 《캐스피언 왕자》는 마법의 땅 나니아로 모험을 떠난 네 남매의 이야기입니다. 그중 막내 루시가 예수 그리스도를 상징하는 사자 아슬란을 만나는 장면 이 있습니다. 오랜만에 아슬란을 다시 만난 루시는 이렇게 말 합니다.

"아슬란, 전보다 더 커지셨어요."

"그건 네가 나이를 더 먹었기 때문이란다."

"아슬란이 커지신 게 아니고요?"

"루시, 난 그대로란다. 하지만 네가 한 살씩 더 먹을 때마다 내가 더 커 보일 거야."

당신의 하나님은 너무 작다

우리가 자라게 되면 이전에 커 보이던 것들이 더 작아 보이 게 마련입니다. 삼십 대 중반 즈음, 어릴 적 다녔던 초등학교를 방문할 기회가 있었습니다. 마음껏 뛰놀던 운동장이 그렇게 작 고 아담한지 미처 몰랐습니다. 〈혜화동〉이라는 노래의 "어릴 적 넓게 보이던 좁은 골목길"이라는 가사 그대로였습니다. 운 동장이 작아진 것일까요? 아닙니다. 운동장은 바뀌지 않았습니 다. 제가 자라 어른이 되었기 때문입니다. 넓은 세상을 보고 많 은 것을 경험하며 시야가 크고 넓어졌기 때문일 것입니다.

C. S. 루이스는 이와 정반대로 루시가 자랐기 때문에 아슬란이 더 커보이는 것이라고 말합니다. 더 나아가 루시가 자라는 만큼 아슬란은 더 커질 것이라고 말합니다. 저는 이 이야기가 영적인 성장에 관해 말하고 있다는 생각이 들었습니다.

영적으로 성장했다는 증거는 무엇일까요? 하나님이 이전보다 더 커 보이는 것입니다. 세상은 작아지고 하나님은 더 커지는 것입니다. 나의 하나님은 더 커지고 계십니까? 혹시 더 작아지고 계신 것은 아닌가요? 일찍이 J. B. 필립스(J. B. Phillips)가 쓴 《당신의 하나님은 너무 작다》라는 책 제목은 그런 우리의 믿음을 꼬집어 보여 주고 있습니다. 우리가 예수님과 동행한 기간이 길면 길수록, 우리 안에 계신 하나님은 더 커져야 합니다.

우리의 하나님이 커질수록, 우리의 기도도 크고 강해져 갑니다. 기도란 하늘에 계신 우리 아버지께 간구하는 것이기에, 우리가 믿는 하나님이 크고 위대한 분이라면 우리의 기도도 크고 강할 수밖에 없습니다. 반대로 우리가 믿는 하나님이 작고 초라한 분이라면 우리의 기도도 작고 초라해질 수밖에 없는 것입니다.

주기도문은 크신 하나님을 믿는 자들이 드리는 기도입니다. 그뿐만 아니라 이 기도를 드리면 드릴수록 우리의 하나님은 더 커지십니다. 마치 아슬란의 이야기처럼, 하나님은 원래부터 큰 분이셨지만 우리가 성장하며 하나님이 더 커 보이게 되는 것입니다. 아니 어쩌면, 하나님이 어떤 분이신지 조금씩 알아 간다는 표현이 더 정확할 것 같습니다. 부디 우리의 하나님이 아무것도 하실 수 없는, 작고 무기력한 분이 아니시길 바랍니다.

"뜻이 하늘에서 이루어진 것 같이 땅에서도 이루어지이다"

이 기도에는 하나님의 '뜻'이라는 단어가 등장합니다. 이 주제를 다룰 때면 많은 사람이 '하나님의 뜻은 무엇일까. 하나님의 뜻을 알고 싶다'라는 생각을 합니다. 성도들에게 가장 많이 받는 질문 중 한 가지가 "하나님의 뜻을 어떻게 알 수 있을까요? 지금 제가 처한 상황 속에서 하나님의 뜻은 과연 무엇일까요?"입니다. 많은 이들이 궁금해하기에, 하나님의 뜻을 아는 법을 다루는 책이나 세미나가 나오면 많은 사람의 주목을 받곤 합니다.

하지만 예수님은 하나님의 뜻이 무엇인지 질문을 던지기 전에 먼저 "뜻이 이루어지이다"라는 기도를 드려야 한다고 말씀하십니다. 하나님의 뜻을 알고, 알게 된 그 뜻이 내 마음에 쏙 들기 때문에 뜻대로 하시기를 기도하는 것이 아니라, 뜻을 다 알지 못하는 순간에도 아버지의 뜻이 이루어지기를 구하라는 것입니다. 하나님의 뜻을 알든 모르든, 아버지의 뜻이 하늘에서 이룬 것 같이 땅에서도 이루어지기를 구해야 한다고 가르치시는 것입니다.

그런데 알지도 못하는 하나님의 뜻이 이루어지기를 기도해도 되는 것일까요? 그것은 위험한 일이 아닐까요? 만약 하나님의 뜻이 나의 뜻과 달라 나를 전혀 원하지 않고 기대하지 않는 삶으로 인도한다면 어쩌지요? 그래도 우리는 과연 하나님의 뜻대로 이루어지길 기도할 수 있을까요?

결론부터 말씀드리자면, 우리는 그렇게 기도할 수 있으며 그렇게 기도해야 합니다. 아버지를 믿기 때문입니다. 우리가 어떤 사람 자체를 온전히 믿을 수 없을 때에는 그의 말 중 검증되고 확인된 몇 가지만 믿을 수 있습니다. 그 사람과 깊은 인격적인 관계를 맺지 않았다거나 그 사람 자체를 온전히 신뢰하지 않는다면, 우리는 기껏해야 한두 가지 프로젝트 정도나 그의 말과 뜻 중에 내가 알고 확신하는 몇 가지만 함께 할 수 있을 것입니다.

신앙은 그런 것이 아닙니다. 신앙은 하나님을 온전히 신뢰하는 것입니다. 하나님의 뜻 중 몇 가지가 아니라 하나님의 모든 뜻이 선하고 좋은 것임을 믿는 것입니다. 그리스도인은 하나님의 약속 중 일부분을 믿는다거나 하나님께서 행하신 일 중 몇 가지만 받아들이는 것이 아니라, 바로 하나님 그분 자체를 믿고 의지하는 사람들입니다. 그것이 참된 신앙입니다.

그래서 우리는 내가 알고 이해하는 아버지의 뜻뿐만 아니라, 아직 이해하지 못했거나 선명히 드러나지 않은 아버지의 뜻도 하늘에서 이루어진 것 같이 땅에서도 이루어지기를 담대히 기도할 수 있는 것입니다. 우리에게는 그 뜻의 구체적인 내용보다, 누구의 뜻인지가 더 중요하기 때문입니다. "그래요? 그것이 아버지의 뜻인가요? 그렇다면 아버지의 뜻대로 되기를 원합니다." 이것이 하나님 자녀들의 반응인 것입니다.

하나님께 복종시켜라

가장 이상적인 것은 나의 뜻과 하나님의 뜻이 일치하는 것입니다. 나의 계획과 소원이 언제나 하나님께서 보시기에도 기뻐하실 만한 것이라면 이 기도를 드리기는 어렵지 않습니다. 그러나 너무나 세속적이고 자기중심적인 우리의 뜻은 하나님의 뜻과 일치하지 않을 때가 더 많습니다. 그래서 하나님의 뜻이 이루어질 때 나의 뜻이 포기되어야 할 경우가 많고, 우리의 내면에서 수많은 갈등과 충돌이 일어나는 것입니다. 심지어 바울조차도 이렇게 고백을 한 적이 있습니다.

> 내가 내 몸을 쳐 복종하게 함은 내가 남에게 전파한 후에 자신이 도리어 버림을 당할까 두려워함이로다 **고전 9:27**

바울은 왜 몸을 쳐서 복종시켜야 했을까요? 죄로 오염된 자신의 뜻이 항상 아버지의 뜻과 일치하는 것이 아니기 때문입니다. 우리의 본성은 자기중심적이고 악합니다. 은혜가 우리를 다스리지 않으면, 우리 안에 숨겨진 악한 생각들이 언제 어떻게 표출될지 모릅니다. 그래서 하나님의 뜻을 이루기 위해 우리의 안락과 즐거움을 포기해야 할 때도 있고, 죄를 범한 나의 손을 잘라 버리고 악을 행한 나의 입술을 쳐야 할 때도 있습니다.

그렇다면 조금이라도 더 아버지의 뜻을 구하고 아버지의 뜻을 따라 살 수 있도록 도움이 될 만한 방법은 없을까요? 몇 가지를 생각해 보았습니다.

하나, 나의 뜻보다 하나님의 뜻이 더 좋은 것임을 확신해야 합니다. 하나님의 뜻은 언제나 선합니다. 하나님의 뜻대로 되는 것은 가장 좋은 일입니다. 제 삶만 돌아보더라도 이것은 진리입니다. 만약 하나님께서 제 인생을 제 뜻대로 살도록 내버려 두셨다면, 큰일 났을 것입니다. 저를 제 뜻대로 살도록 두지 않으시고 간섭해 주신 주님께 감사드립니다. 앞으로도 많이 간섭해 주시기를 기도합니다.

사람의 말에도 지혜가 있지만, 사람의 말이 항상 옳은 것은 아닙니다. 심지어 저를 아끼는 마음으로 주는 조언조차도 사람의 한계를 벗어나지 못합니다. 그러나 하나님의 선함과 지혜와 사랑에는 한계가 없습니다. 그 사실을 알기에 저는 하나님이 제 삶에 개입해 주시기를 소원합니다. 모든 것이 아버지 뜻대로 되기를 기도합니다. 하나님의 뜻이 더 선하고, 더 지혜롭고, 더 좋은 것임을 확신하기 때문입니다.

"하나님 아버지, 제가 어리석어서 아버지의 모든 뜻을 다 이해하지 못하지만, 저에게 뜻하신 바대로 행하시기를 원합니다. 저와 상의하지 않으셔도 됩니다. 하나님께서 계획하신 시간표 대로, 그 방법과 속도대로, 그 뜻대로 다 이루시기를 간절히 원합니다."

저는 매일 이렇게 기도합니다. 그렇게 기도하고 나면 안심이 되고 평안합니다. 하나님의 뜻은 선하고, 하나님은 그 선한 뜻을 반드시 이루실 것이기 때문입니다.

둘, 하나님의 뜻을 소중하게 여겨야 합니다. 예수님은 아버지의 뜻을 소중히 여기셨습니다. 그래서 온전한 순종을 통하여 그 뜻을 이루고자 하셨습니다.

> 예수께서 이르시되 나의 양식은 나를 보내신 이의 뜻을 행하며 그의 일을 온전히 이루는 이것이니라 요 4:34
> 내가 하늘에서 내려온 것은 내 뜻을 행하려 함이 아니요 나를 보내신 이의 뜻을 행하려 함이니라 요 6:38

소중히 여기지 않는 분의 뜻에 순종할 리가 없고, 소중히 여기지 않는 아버지의 뜻이 이루어지기를 기도할 리는 없습니다. 그러므로 하나님의 뜻을 소중히 여기는 성도가 되어야 합니다. 매일 아침 하루를 시작하면서 "오늘도 아버지의 뜻을 소중히 여기겠습니다"라고 고백해 보세요. 매일 말씀을 펴고 묵상하고 기도할 때마다 "아버지의 뜻을 소중히 여기겠습니다"라고 기도해 보세요. 중요한 순간 입을 열기 전에, 중요한 선택을 내리기 전에 그렇게 기도해 보세요. 그러면 아버지의 뜻대로 되기를 기도할 수 있게 됩니다.

셋, 매일의 삶에서 나와 하나님의 뜻을 일치시키는 훈련을 해야 합니다. 찬송 〈주의 음성을 내가 들으니(219장)〉의 2절에 이런 가사가 있습니다. "주여 넓으신 은혜 베푸사 나를 받아 주시고 나의 품은 뜻 주의 뜻같이 되게 하여 주소서." 이 찬송의 가사처럼 우리의 뜻과 하나님의 뜻이 일치되면, 우리는 기쁨으로 주기도문의 세 번째 기도를 드릴 수 있을 것입니다.

우리의 자아는 만만치가 않습니다. 우리의 자아는 쉽게 죽지를 않습니다. 때문에 몸과 마음을 쳐서 복종시키는 훈련을 해야만 합니다. 성령의 도우심과 하나님의 은혜 아래서 우리 안에 남아 있는 옛 사람의 본성을 길들여, 하나님의 뜻과 나의 뜻을 하나가 되게 하는 훈련을 해야만 하는 것입니다. 리처드 포스터(Richard J. Foster)는 《영적 훈련과 성장》에서 "영적인 훈련은 자유로 들어가는 문"이라고 표현합니다. 그는 영적 훈련을 이렇게 정리합니다.

내적 훈련: 묵상 훈련, 기도 훈련, 금식 훈련, 학습 훈련
외적 훈련: 단순 훈련, 고독 훈련, 복종 훈련, 섬김 훈련
단체 훈련: 고백 훈련, 예배 훈련, 순종 훈련, 기쁨 훈련

나에게는 어떤 훈련이 필요한가요? 생각에서 멈추지 말고 그 훈련을 시작해야 합니다. 훈련되지 않은 입, 훈련되지 않은 손과 발, 훈련되지 않은 마음은 하나님의 뜻과 어긋난 길을 가게 합니다. 반드시 사고를 치고, 나를 파멸시키고, 누군가를 다치게 만들 것입니다. 그러므로 영적 훈련을 통해 일상에서 나의 뜻을 하나님의 뜻에 일치시키는 묵상, 기도, 금식, 학습 등의 훈련을 해야 합니다. 그것이 아버지의 뜻을 구하는 사람의 삶입니다.

하나님의 뜻을 아는 법

하나님의 뜻을 궁금해하기 전에 먼저 하나님의 뜻이 이루어지기를 기도해야 한다고 말씀드렸습니다. 그런데 이것이 우리가 하나님의 뜻을 이해하고 깨닫는 일을 포기해도 된다는 의미는 아닙니다.

> 너희는 이 세대를 본받지 말고 오직 마음을 새롭게 함으로 변화를 받아 하나님의 선하시고 기뻐하시고 온전하신 뜻이 무엇인지 분별하도록 하라 **롬 12:2**

사도 바울은 하나님의 뜻이 무엇인지 분별하라고 말합니

다. 혼탁한 마지막 시대를 사는 우리에게 하나님의 뜻을 아는 것은 더더욱 중요한 일입니다. 하나님의 뜻을 이해하는 만큼, 우리의 기도도 하나님의 뜻과 일치될 것입니다. 그렇다면 하나님의 뜻을 어떻게 알 수 있을까요? 가장 안전하고 확실한 두 가지 방법이 있습니다. 하나는 성경이고 또 하나는 하나님의 성품입니다.

먼저 '성경'입니다. 성경은 하나님의 뜻이 기록된 책입니다. 하나님의 뜻에 대해 이보다 더 분명한 자료는 없습니다. 혹시라도 성경 말고 다른 방법, 다른 루트를 통해 하나님의 뜻을 이해하려고 하지 마세요. 정말 하나님의 뜻을 알고 싶고, 분별하고 싶다면 성경을 읽으세요. 성경에 나를 향한 하나님의 뜻이 기록되어 있습니다.

"목사님, 성경은 일반적인 말씀, 모든 사람을 향한 말씀만 기록되어 있잖아요. 저는 저를 향한 하나님의 뜻을 알고 싶습니다." 만약 이런 사람이 있다면 성경을 진지하게 정독하지 않은 것이 분명합니다. 성경에는 나를 향한 하나님의 말씀이 담겨 있습니다. 또한 성경을 읽는 동안 성령 하나님께서 신비한 방법으로 말씀해 주기도 하십니다. 이렇게 중요한 하나님의 말씀을 가까이에 두고도 우리는 하루에 몇 분이나 읽습니까? 일주일에 얼마나 말씀을 묵상하고 있습니까?

오늘날 교회가 약화되고, 그리스도인들이 미성숙하게 된 주요한 이유는, 우리가 이전보다 더 말씀을 멀리하고 있기 때문입니다. 세미나, 설교, 훈련 등 여러 가지 프로그램은 발전했고, 기독교 서적은 소화하기 어려울 정도로 많이 출판되어 쏟아지고 있지만, 정작 성경 자체를 읽고 묵상하지 않는 것이 이 시대의 문제입니다. 말씀 안에 답이 있는데, 사람의 말과 세상의 지식 안에서 답을 찾으려 하는 것이 문제입니다. 성경을 읽고 묵상해야 합니다.

또한 하나님의 '성품'을 통해 하나님의 뜻을 알 수 있습니다. 이 부분에서 다시 한 번 성경의 중요성이 부각됩니다. 아버지의 성품을 아는 데 성경보다 더 좋은 자료는 없기 때문입니다.

'하나님이 무엇을 원하실까? 아버지의 뜻이 무엇일까?'라는 질문이 생길 때, 먼저 나의 아버지가 어떤 분이신지를 생각해 보세요. 지난 날 나를 인도해 오신 하나님을 묵상해 보세요. 아버지의 성품은 아버지께서 어떻게 생각하고 행동하실지 미리 예측할 수 있도록 도와줄 것입니다. 순종해야 할 아버지의 뜻이 어떤 방향일지 헤아릴 수 있을 것입니다.

만약 여러분이 '김건우'라는 한 사람의 인격과 성품을 이해하고 있다면, 제가 어떻게 살고 어떤 결정을 할지 예측할 수 있을 것입니다. 이럴 땐 이런 선택을 하겠지, 저럴 땐 이런 말을 하겠지 하고 말이지요. 만약 그런 예측이 완전히 빗나간다면 제가 이중인격자이든지 저를 잘못 알고 있든지 둘 중 하나입니다. 이처럼 하나님의 성품을 아는 것은 중요합니다.

사실 바울도 하나님의 뜻을 모두 다 알았던 것은 아닙니다.

그러나 그는 하나님을 알았고, 하나님의 성품을 알았기에 담대했고 자유했으며 평안했습니다. 선지자 호세아는 이렇게 외쳤습니다.

> 나는 인애를 원하고 제사를 원하지 아니하며 번제보다 하나님을 아는 것을 원하노라 **호 6:6**

하나님을 더 깊이 알아 가길 바랍니다. 내 삶에서 경험했던 하나님, 주변 사람들의 삶에 역사하신 하나님이 어떤 분이신지를 기억하고 묵상하길 바랍니다. 인생의 쓴맛 단맛을 통해 알게 된 아버지의 성품을 기억할 때 우리는 하나님의 뜻을 조금 더 이해하게 될 것입니다. 그리고 아버지의 뜻을 구할 수 있을 것이며, 아버지의 뜻에 순종할 수 있을 것입니다.

하나님의 뜻 ① 영혼의 구원

아버지의 뜻을 알든 모르든 우리는 아버지의 뜻이 하늘에서 이루어진 것 같이 땅에서도 이루어지기를 기도해야 한다고 말씀드렸습니다. 동시에 우리는 하나님의 뜻이 무엇인지 알기를 힘써야 한다고도 말씀드렸습니다. 여기에 보태어 한 가지 더 나누고 싶은 것이 있습니다. 그것은 우리에게 분명하게 드러난 하나님의 뜻들도 있다는 사실입니다.

아직 알지 못하는 하나님의 뜻을 구하는 것만큼이나 이미 분명하게 드러난 하나님의 뜻을 위해 기도하고, 그 뜻에 순종하는 것이 중요합니다. 그럴 때 우리는 "만약 하나님의 뜻이라면 이루어 주소서"라는 막연한 기도가 아닌 구체적이고 강력한 기도를 드릴 수 있습니다.

어떤 일이 하나님의 뜻임을 확신한다면, 하나님께서 기뻐하실 일이라면, 담대하게 기도해야 합니다. 나의 유익과 내 명예가 아니라 아버지의 이름과 아버지의 명예를 구하는 기도라면 망설이고 눈치 볼 이유가 없습니다. 이렇듯 분명하게 드러난 하나님의 뜻 가운데 세 가지만 짚어 보겠습니다.

첫째로 우리에게 분명하게 드러난 하나님의 뜻은 영혼의 구원입니다.

> 39나를 보내신 이의 뜻은 내게 주신 자 중에 내가 하나도 잃어버리지 아니하고 마지막 날에 다시 살리는 이것이니라 40내 아버지의 뜻은 아들을 보고 믿는 자마다 영생을 얻는 이것이니 마지막 날에 내가 이를 다시 살리리라 하시니라 요 6:39~40
>
> 내가 너희에게 이르노니 이와 같이 죄인 한 사람이 회개하면 하늘에서는 회개할 것 없는 의인 아흔아홉으로 말미암아 기뻐하는 것보다 더하리라 눅 15:7

하나님의 뜻을 가리키는 헬라어 '뗄레마'는 신약에서 오직 단수로만 사용됩니다. 그것은 구원입니다. 죄로 어그러진 창조 세계의 회복이라고 표현될 수도 있습니다. 쉬렌크(Gottlob Schrenk)는 신약성경에 나오는 하나님의 뜻이라는 단어를 연구한 후에 이런 결론을 내렸습니다.

신약성경에서 하나님의 뜻이라는 단어의 복수형은 거의 완전할 정도로 찾아볼 수 없다. 하나님의 뜻은 언제나 단수형으로 표현되어 있다.

그는 하나님의 뜻이라는 개념이 단수형으로 나타나는 것은 언제나 하나님의 구원이라는 큰 목적과 일치되는 뚜렷한 통일성을 갖고 있기 때문이라고 말합니다. 그러므로 교회와 그리스도인들도 그러한 하나님의 뜻에 자신의 목적과 목표를 맞추어야 한다는 것입니다.

복음의 증인 되기를 포기한 교회가 그 힘과 은혜를 쉽게 잃어버리는 이유는 그러한 하나님의 뜻에 순종하지 않고 있기 때문이며, 존재의 이유를 잃어버렸기 때문입니다. 증인이기를 포기한 그리스도인은 하나님을 기쁘시게 할 수가 없는 것입니다.

얼마 전 어느 목사님과 교제를 나누면서 참 재미있는 이야기를 들었습니다. 그분은 신비주의자도 아닌데, 삶의 중요한 순간마다 예수님께서 나타나서 말씀해 주신다고 합니다. 몇 년 전 자신의 인생에서 중요한 전환점을 앞두고 기도하고 있을 때에도 예수님이 나타나셔서 한마디 하셨다고 합니다.

"나 일하러 간다."

재미있게도 매번 나타나신 예수님은 말을 길게 하지 않으신다고 하더군요. 역시 고수는 말을 아낀다는 이야기가 떠올랐습니다. 어쨌든 그 말을 듣고 목사님이 물었습니다. "네? 일하러 가신다고요?" 그때 주신 예수님의 대답이 너무나 인상적이었습니다.

"네가 일하지 않으니 내가 일하러 간다."

여러분 우리는 일해야 합니다. 복음을 전하고, 영혼을 구해야 합니다. 그것이 하나님의 뜻입니다.

미국은 상품에 대한 상세한 정보를 제공함으로 물건을 사도록 만드는 인포머셜이라는 상업 광고가 발달해 있습니다. 전문가에 따르면, 그런 상업 광고들은 유치해 보이지만 실제로는 소비자들이 그 물건은 나에게 필요가 없다고 생각하는 모든 잠재적 이유를 허무는 것을 목표로 철저히 계산되어 만들어진 마케팅 작품이라고 합니다.

한 목사님은 그 광고에 넘어가 '복근 왕'이라는 제품을 구입했다고 합니다. 광고에 혹하여 그 벨트를 차고 전기를 흘려보내기만 하면, 자신의 볼록한 배에 식스 팩이 새겨질 것이라는 환상을 갖고 구입했지만 여전히 운동이 필요한 몸 상태를 유지하고 있다고 고백합니다. 대부분 그런 광고들은 소비자에게 수많은 약속을 하는데, 막상 물건을 구입하고 나면 그 약속은 지켜지지 못한다고 합니다.

저는 복음에 대해 생각했습니다. '우리는 복음을 그 정도의 열정을 가지고 전하고 있는가? 가짜를 가지고도, 이 땅의 삶에 짧은 만족을 주는 상품도, 저토록 목숨을 걸고 알려서 팔려고 하는데 복음에 대해 우리는 열정이 있는가? 영원한 나라에 대한 놀라운 약속, 생명이 걸린 문제인데 우리는 힘을 다해 증거하고 있는가? 내 곁에 있는 사람들을 위해 기도하고 있는가?'

복음 전파에 회의적인 이들도 있을 것입니다. 그러나 듣든 듣지 않든 우리는 정성을 다해 전해야 합니다. 예전보다 더 기도하고, 더 겸손하게 사랑으로 전해야 합니다. 그것이 아버지의 뜻이기 때문입니다. "뜻이 하늘에서 이루어진 것 같이 땅에서도 이루어지이다"라고 기도하는 사람이 이토록 명백한 하나님의 뜻에 순종하지 않는 것은 어불성설입니다. 우리가 순종함으로 하나님의 뜻은 이 땅에서 이루어지는 것입니다.

하나님의 뜻 ② 사랑의 실천

34새 계명을 너희에게 주노니 서로 사랑하라 내가 너희를 사랑한 것 같이 너희도 서로 사랑하라 35너희가 서로 사랑하면 이로써 모든 사람이 너희가 내 제자인 줄 알리라 **요 13:34~35**

7만물의 마지막이 가까이 왔으니 그러므로 너희는 정신을 차리고 근

신하여 기도하라 8무엇보다도 뜨겁게 서로 사랑할지니 사랑은 허다
한 죄를 덮느니라 **벧전 4:7~8**

둘째로 우리에게 분명하게 드러난 하나님의 뜻은 사랑의 실
천입니다. 하나님은 나그네와 과부와 고아와 같은 약자들을 돌
봐야 한다고 강조하셨습니다. 예수님은 마지막 때에 양과 염소
가 구별되는 기준은 지극히 작은 자 하나에게 했던 사랑의 행
위라고 말씀하셨습니다. 성경은 성도가 서로를 사랑하는 것이
하나님의 뜻이라는 사실을 분명하게 밝힙니다. 한 사람을 미워
하면 기도가 막힐 것이며, 예배드리기 전에 먼저 형제와 화목
해야 한다고 선포합니다. 예수님이 우리에게 주시는 새 계명은
'서로 사랑'이며, 만물의 마지막이 가까웠으니 뜨겁게 서로 사
랑하라고 말씀하셨습니다.

우리는 사랑하고 있습니까? 누군가를 품어 내지 못하고, 하
나가 되지 못한다면 그 이유는 무엇입니까? 사랑을 원하시는
아버지의 뜻을 거스를 정도로 가치 있는 대단한 이유 때문입니
까? 예수님은 "너희가 서로 사랑하면 세상이 너희가 내 제자인
줄 알 것이다. 그때에 너희의 말에 귀를 기울일 것이다"라고 말
씀하셨습니다. "뜻이 하늘에서 이루어진 것 같이 땅에서도 이
루어지이다"라고 기도하면서 이토록 명백한 하나님의 뜻에 순
종하지 않는다면 이 또한 어불성설입니다. 우리가 순종함으로
하나님의 뜻은 이 땅에서 이루어지는 것입니다.

하나님의 뜻 ③ 성도의 거룩

하나님의 뜻은 이것이니 너희의 거룩함이라 곧 음란을 버리고 **살전 4:3**

14너희가 순종하는 자식처럼 전에 알지 못할 때에 따르던 너희 사욕을 본받지 말고 15오직 너희를 부르신 거룩한 이처럼 너희도 모든 행실에 거룩한 자가 되라 16기록되었으되 내가 거룩하니 너희도 거룩할지어다 하셨느니라 **벧전 1:14~16**

셋째로 우리에게 드러난 하나님의 뜻은 성도의 거룩입니다. 하루는 어떤 분이 찾아와 이렇게 말씀하셨습니다. "목사님, 하나님 마음이 급하신 것 같습니다. 세상은 정말 악하고, 장난이 아닌 것 같아요. 하나님께서 당신의 뜻을 이룰 거룩한 사람들, 거룩한 교회를 찾고 계신 것 같습니다. 우리 자신을 지켜 내야겠습니다." 저는 마음 깊이 공감했습니다.

많은 것이 우리를 유혹하는 시대입니다. 하나님은 그런 세상 한가운데에서 살아가는 하나님 나라의 백성들이 거룩하기를 원하십니다. 악한 생각, 육신의 정욕, 이생의 자랑을 버리고 예수 그리스도로 옷 입기를 바라십니다. 그런 사람들을 찾고 계십니다.

26너희가 다 믿음으로 말미암아 그리스도 예수 안에서 하나님의 아

들이 되었으니 27누구든지 그리스도와 합하기 위하여 세례를 받은
자는 그리스도로 옷 입었느니라 갈 3:26~27

오직 주 예수 그리스도로 옷 입고 정욕을 위하여 육신의 일을 도모하
지 말라 롬 13:14

　　은행이나 대형 마트에 가면 직원들이 같은 옷을 입고 있습
니다. "우리는 이 회사의 직원입니다"라는 의미입니다. 자신의
정체성을 드러내고 일체감을 주는 것이 유니폼입니다. 그렇다
면 우리 그리스도인들의 유니폼은 무엇일까요? 성경은 '예수
그리스도'라고 말씀합니다. 가난한 자나 부한 자, 배운 자나
못 배운 자나 그리스도인들은 같은 옷을 입고 있습니다. 바로
예수 그리스도입니다. 우리의 죄를 씻기는 거룩한 옷입니다.
같은 옷을 입고 있기에 기죽을 일도, 교만할 일도, 차별할 수도
없는 공동체가 교회입니다.

　　아버지의 뜻은 예수 그리스도를 옷 입고 살아 내는 우리의
거룩함입니다. "뜻이 하늘에서 이루어진 것 같이 땅에서도 이
루어지이다"라고 기도하면서 이토록 명백한 하나님의 뜻에 순
종하지 않는다면 어불성설입니다. 우리가 순종함으로 하나님
의 뜻은 이 땅에서 이루어지는 것입니다. 예수 그리스도로 옷
입고, 거룩함을 지키는 우리가 되기를 소망합니다.

　　우리 삶의 중요한 목표는 하나님의 뜻을 성취하는 것입니

다. 나의 뜻이 아니라 아버지의 뜻을 이루며 살겠다는 결단이 있어야 합니다. 오늘도 하나님은 우리를 동역자로 부르십니다. 그것이 아버지의 뜻을 구하라고 가르쳐 주신 예수님의 마음입니다. 하늘에 계신 아버지의 뜻을 이루는 동역자가 되라는 것입니다. 영광스러운 부르심이요 크나큰 기쁨입니다.

하나님은 우리가 없으면 안 되기 때문이 아니라, 하나님의 뜻을 이루는 기쁨을 맛보게 하기 위해 우리를 부르십니다. 그 부르심을 마다하는 것은 참 안타깝고 어리석은 일입니다. 이제 우리의 뜻이 아닌, 힘 있는 자의 뜻이 아닌, 아버지의 선하신 뜻이 하늘에서 이루어진 것 같이 땅에서도 이루어지기를 원합니다. 우리 삶에 가정에 교회에 세상에 이루어지기를 원합니다. 그 일에 우리가 마음껏 사용되기를 원합니다.

Chapter 5

오늘 우리에게
일용할 양식을
주시옵고(1)

오늘 우리에게 일용할 양식을 주시옵고

마 6:11

이제 주기도문의 다음 파트로 넘어갑니다. 지금까지 묵상한 기도들이 하나님께 초점을 맞춘 것이라면, 이제부터 다루게될 네 가지 간구는 이 땅을 살아가는 우리의 삶, 우리의 필요와 관련된 것을 구하는 기도입니다. 그 첫 번째는 "오늘 우리에게 일용할 양식을 주시옵고"라는 고백입니다.

기도에 들어서게 하는 기도

이 기도를 묵상하며 가장 먼저 든 생각은, 이 간구가 기도의 길에 들어서게 하는 기도라는 생각이었습니다. 대부분의 사람은 어떤 필요에 따라 기도를 시작하기 때문입니다. 대체로 인생의 고난이나 질병, 가난이나 상처, 소망이나 바람 같은 것들이 기도를 시작하게 만듭니다. 수능을 앞두고 기도실이 채워지고, 자식이 속 썩이면 기도하게 되고, 경제적인 위기가 닥치거나 내 힘으로 해결할 수 없는 인생 문제에 직면할 때 우리가 기도의 자리를 찾게 되는 것은 당연하고 자연스러운 일일 것입니다.

그런 이유더라도 아버지를 찾고 기도한다면, 그것은 복되고 감사한 일입니다. 그 순간에도 끝까지 자기 힘을 의지하거나 다른 사람을 의지하는 안타까운 경우가 많기 때문입니다. 수많은 실패와 자신의 한계를 경험하고 나서도 다시 자신의 힘과 지혜를 의지하려 하거나 옛 사람의 삶의 패턴으로 돌아가는 것은 참 안타까운 일입니다. 많은 사람들이 그렇게 살아가고 있습니다. 고난을 당하면서도 기도를 시작하지도, 배우지도 못합니다.

물론 고난과 아픔, 인생의 무거운 짐 같은 것들이 없으면 좋겠지요. 삶이 순탄하고 평온하면 너무나 좋겠지요. 예수 믿는 즉시 인생 모든 것이 무탈하고, 안정적이고, 은혜롭기만 하면 얼마나 좋겠습니까? 하지만 현실은 그렇지 않습니다. 이 땅을 나그네로 살아가는 이들에게 인생 여정은 문제의 연속입니다. 제 삶을 돌아보니 하나님은 자녀들이 아무런 고난 없이 살게 하신다기보다는, 그 고난을 이길 힘을 주시는 분 같습니다. 큰 파도 가운데 우리를 지키시며, 풍랑 중에도 우리와 평안히 동행하시는 경우가 많은 것 같습니다.

> 내가 사망의 음침한 골짜기로 다닐지라도 해를 두려워하지 않을 것
> 은 주께서 나와 함께 하심이라 주의 지팡이와 막대기가 나를 안위하
> 시나이다 시 23:4

죽음의 골짜기를 지나는 다윗은 이런 고백을 남겼습니다. 그 고백을 통해서도 우리는 알게 됩니다. 하나님은 사망의 음침한 골짜기가 없는 삶을 약속하신 것이 아니라 그 가운데에도 우리와 함께하시고, 우리를 인도하시리라는 약속을 주셨다는 것을 말이지요.

하나님은 자신의 아들조차 아낌없이 내어 줄 만큼 우리를 사랑하셨습니다. 따라서 인생의 모든 고난에서 예외가 되도록 하지 않으시는 데에는 분명히 이유가 있을 것입니다. 그렇지 않으면 우리는 하나님을 찾지 않을 것입니다. 기도하지 않고, 자신을 의지하며 살 가능성이 높습니다. 그래서 하나님은 종종 사랑하는 자녀들에게 고난과 아픔이 있는 것을 허용하십니다. 무엇인가 부족하고 모자라는 것도, 한둘쯤 가시가 있는 것도 그대로 두십니다. 우리를 낮추시고, 하나님을 찾아 도움을 구하게 만드시는 것입니다. 그것이 우리에게 고난과 결핍을 허용하시는 아버지의 사랑이며 거룩한 뜻입니다. 아버지의 마음은 아프지만, 더 좋은 것 더 영원한 것을 위해 잠시 허용하시는 것입니다.

> 너를 낮추시며 너를 주리게 하시며 또 너도 알지 못하며 네 조상들도 알지 못하던 만나를 네게 먹이신 것은 사람이 떡으로만 사는 것이 아니요 여호와의 입에서 나오는 모든 말씀으로 사는 줄을 네가 알게 하려 하심이니라 **신 8:3**

하나님은 왜 하나님의 백성들을 낮추고, 주리게 하십니까? 우리에게 진정 필요한 것을 주시기 위함입니다. 모든 인간은 떡으로만 사는 존재가 아니라 하나님의 말씀으로 사는 존재임을 깨우쳐 주시기 위해서입니다. 세상을 좇고, 허상을 추구하며 사는 우리가 진짜 중요한 것, 영원한 것을 깨닫는 방법은 낮아지는 것밖에는 없기 때문입니다. 하나님이 우리의 성정(性情)을 정확히 아시기 때문입니다.

그래서 예수 믿는 사람들 역시 종종 사망의 음침한 골짜기를 통과하게 됩니다. 혼이 나야 정신을 차릴 것 같으면 회초리를 들기도 하십니다. 하나님은 마냥 오냐오냐하는 아버지가 아니십니다. 덕분에 우리는 그런 순간 중요한 진리를 깨달을 수 있고, 하나님의 큰 사랑을 발견할 수 있는 것입니다.

이런 인생과 고난의 관계를 헤아려 보면, 일용할 양식을 구하는 것은 '기도에 입문하게 하는 기도'에 속합니다. 하지만 주기도문의 순서상으로 볼 때 이 기도가 위치하는 자리가 첫 자리는 아니라는 사실을 잊어서는 안 됩니다. 재미있는 것은 우리는 필요를 구하는 기도로 기도에 입문하게 되지만, 믿음의 성장은 이 기도를 뒤로 물러나게 만든다는 사실입니다(마 6:33). 참으로 신기한 일입니다.

분명 이 기도는 예수께서 가르쳐 주신 것이기에 거리낌이 없이 해야 합니다. 이 기도는 세속적인 기도, 정욕으로 드리는 기도가 아닙니다. 예수님이 우리의 필요를 위해서도 기도하라고 가르치셨기에, 우리는 일용할 양식을 위해 담대히 기도해야 합니다. 다만 너무 빠르게 이 기도에 도달하거나, 오직 이 기도에만 머물러 있어서는 안 된다는 것입니다.

우리에게는 "이름이 거룩히 여김을 받으시오며 나라가 임하시오며 뜻이 하늘에서 이루어진 것 같이 땅에서도 이루어지이다"라는 기도를 후다닥 해치우고 싶은 유혹이 있습니다. 주기도문 앞부분을 서둘러 지나치고, 자신의 필요를 채우고자 한다는 뜻입니다. '하나님 나라는 하나님이 잘 이루실 테니, 일단 나부터 살고 보자. 나의 필요부터 채우고 보자.' 이렇듯 우리는 기도할 때 일용할 양식을 구하는 데 너무 치우쳐 있는 것은 아닌지 돌아볼 필요가 있습니다.

물론 우리의 아버지는 가혹하거나 잔인한 분이 아니십니다. "나의 자녀라면 세상의 필요에 전혀 연연하지 말거라. 굶더라도 하늘 양식으로 만족하고, 영혼의 만족만을 구하며 살아라." 이렇게 말씀하지 않으십니다. 늘 넉넉하고 풍성히 채우길 원하십니다. 예수님은 우리가 이 세상을 살기 위해 필요한 것들이 있음을 몸으로 체휼하셨습니다. 그것을 구해도 괜찮다고, 그것을 분명히 구하라고 말씀하셨습니다.

아버지는 우리의 필요와 연약함을 알고 계십니다. 그래서 일용할 양식을 위해 기도하라고 말씀하셨습니다. 우리는 날마다 일용할 양식을 구할 수 있고, 또 구해야 합니다. 세상을 살아가는 우리에게는 여러 가지 필요가 있고, 그러한 필요가 채워지지 않을 때 쉽게 절망하고 넘어질 수 있기 때문입니다.

우리의 공급자

앞에서 이 기도는 단순한 기도, 입문자의 기도 같다고 말씀 드렸습니다. 그런데 가만 살펴보면 이 기도는 그리 단순하지 않습니다. 그 안에 깊은 신앙적 의미가 담겨 있습니다. 그것이 무엇인지 몇 가지만 생각해 봅니다.

먼저 이 기도는 하나님이 우리의 공급자이심을 찬양하는 신앙고백입니다. R. C. 스프로울은 《어떻게 기도할까》에서 이렇게 말했습니다.

> 우리가 주목해야 할 사실은 이 기도는 우리에게는 이미 가진 돈이 있으니, 그 돈으로 양식을 살 수 있게 해 달라거나, 우리가 수고한 봉사와 헌신의 당연한 보답으로 무엇인가를 달라고 기도하는 것이 아니라는 사실이다. 오히려 이것은 무엇인가를 거저 달라는 요구이다. 즉, 하나님께서 우리에게 일용할 양식을 거저 주시기를 요구하는 것이다.

이 기도는 우리의 수고와 노력에 대한 대가를 요구하는 기도가 아닙니다. 은혜와 자비를 구하는 기도입니다. 왜 이렇게 기도하는 것일까요? 하나님이 모든 것의 주인이시며, 자기 백성을 돌보고 채우고 공급하는 하나님이시기 때문입니다. 그러므로 하나님의 자녀들은 자신의 필요를 채워 주실 수 있는 아버지에게 당당히 일용할 양식을 구하는 것입니다. 오늘도 어제처럼, 내일도 오늘처럼 은혜와 자비를 베풀어 주시기를 기도하는 것입니다.

우리에게는 우리 자신의 필요를 공급할 능력이 없습니다. 그렇다고 오해는 하지 마세요. 우리의 필요를 채우고, 우리 가족을 부양하기 위해 성실히 일하고 열심히 활동할 필요가 없다는 말이 아닙니다. 하나님은 성실함과 부지런함을 사랑하고 축복하십니다. 하나님의 자녀들이 이방인들보다 더 성실히 살아야 한다고 말씀하셨습니다.

> 10우리가 너희와 함께 있을 때에도 너희에게 명하기를 누구든지 일하기 싫어하거든 먹지도 말게 하라 하였더니 11우리가 들은즉 너희 가운데 게으르게 행하여 도무지 일하지 아니하고 일을 만들기만 하는 자들이 있다 하니 12이런 자들에게 우리가 명하고 주 예수 그리스도 안에서 권하기를 조용히 일하여 자기 양식을 먹으라 하노라 **살후 3:10~12**

'예수님이 곧 오신다'는 생각에 빠져 있던 데살로니가교회 성도 중 일부가 모든 일상을 중단해 버리는 일이 발생했습니다. 내일 예수님이 오시는데, 세상일이 무슨 소용이 있느냐는 것입니다. 일정 부분 이해도 됩니다. 저라도 그럴 것 같습니다.

그래서 하나님은 우리에게 재림의 그날을 알려 주지 않으신 것 같습니다. 우리의 일상이 무너져 버릴까 봐 말입니다. 그렇게 잘못된 재림관을 가진 사람들에게 하나님은 이렇게 말씀하셨습니다.

"일하기 싫으면 먹지도 말라. 내일 내가 온다고 할지라도, 오늘 너는 열심히 일해서 자기 양식을 먹어야 한다."

하나님이 우리의 공급자 되신다는 사실을 믿고 은혜를 구하는 것이, 우리가 아무런 수고도 하지 않아도 된다는 의미는 아닙니다. 우리는 주어진 삶에 책임을 다해야 하고, 성실해야 하며, 부지런해야 합니다. 하지만 동시에 우리는 그저 열심히 한다고 다 되는 것은 아니라는 사실을 잘 알고 있습니다. 우리의 열심과 수고 위에 아버지의 은혜가 덧입혀져야 합니다. 우리의 수고에 은혜를 공급하시고, 열매를 맺게 만드시는 분은 하나님이십니다.

그러므로 이 기도에는 이런 고백이 담겨 있습니다. "아버지, 저와 제 가족의 필요를 위해 오늘도 열심히 살겠습니다. 그러나 그 모든 것이 단지 저의 수고와 노력에 달려 있지 않음을 잘 알고 있습니다. 아버지, 아버지께서 오늘도 제 가정의 공급자가 되어 주세요. 오늘 우리에게 필요한 양식을 채워 주세요." 이런 기도를 드리는 자의 마음에 평안이 깃듭니다. 내 인생, 내 가족의 미래가 단지 나의 어깨, 나의 수고에 달려 있지 않기 때문입니다. 내 뒤에는 하나님이 계신 것입니다.

여호와께서 집을 세우지 아니하시면 세우는 자의 수고가 헛되며 여
호와께서 성을 지키지 아니하시면 파수꾼의 깨어 있음이 헛되도다
시 127:1

이 시편의 저자는 우리의 공급자 되시는 하나님을 아주 잘
표현하고 있습니다. 우리가 무언가 애써 노력해도 결국 이루시
는 분은 하나님이십니다. 바로 이런 믿음이 "오늘 우리에게 일
용할 양식을 주시옵고"라는 기도에 담겨 있습니다. 하나님이
우리의 공급자이심을 인정하는 신앙고백인 것입니다. 그래서
때때로 이 기도는 찬양처럼 느껴지기도 합니다. 일찍이 다윗도
하나님의 공급하심 안에 사는 사람이 누리는 복을 이렇게 노래
했습니다.

25내가 어려서부터 늙기까지 의인이 버림을 당하거나 그의 자손이
걸식함을 보지 못하였도다 26그는 종일토록 은혜를 베풀고 꾸어 주
니 그의 자손이 복을 받는도다 시 37:25~26

왜 의인의 삶은 실패하지 않습니까? 하나님이 그를 지키시
고 그의 모든 필요를 채워 주시기 때문입니다. 하나님을 우리
의 공급자로 모시고 살아가는 것이 그 어떤 보험 상품보다, 그
어떤 예금 통장보다 낫습니다. '하나님이 나의 공급자이시다'라
는 믿음이 있다면 우리는 평안함 가운데 살아갈 수 있습니다.

오늘 열심히 일하고, 내일 먹을 것을 하나님께 맡기며 평온히 잠자리에 들 수 있을 것입니다. 이것이 이 기도에 담긴 믿음입니다.

매일의 신뢰

이 기도는 매일 하나님을 신뢰해야 한다는 사실을 가르쳐줍니다. 이 기도는 일주일에 한 번, 혹은 한 달이나 일 년에 한 번 드리는 기도가 아닙니다. 왜냐하면 '일용(日用)'할 양식을 구하는 기도이기 때문입니다. 어제 밥을 먹었다고 오늘 밥이 필요 없는 것이 아닙니다. daily bread, 즉 하루의 양식을 위해 매일 드리는 기도인 것입니다.

그런데 왜 일용할 양식일까요? 당시에 방부제가 없었기 때문일까요? 냉장고가 없어서 오래 보관할 방법이 없었기 때문일까요? 냉장 기술과 보관 기술이 발달한 현대 문명사회에서는 굳이 일용할 양식을 구할 필요가 없는 것일까요? 그렇지 않습니다. 이것은 매일 매 순간 하나님을 의지하라는 말씀입니다. 이 기도를 드리며 날마다 하나님만 의지하라는 말씀입니다. 단순히 일용할 양식뿐 아니라, 모든 것을 맡기라는 것입니다.

이 기도는 날마다 새로운 믿음을 가질 것을 권면합니다. 어제의 믿음으로 사는 것이 아니라, 오늘의 새로운 믿음으로 살아야 한다는 것입니다. 매일매일 새로운 믿음을 갖지 않으면, 불안하고 염려하게 될 것입니다. 날마다 새로운 문제들이 우리 앞에 있기 때문입니다. 우리의 믿음은 너무나 작고 보잘것없기 때문입니다.

우리 사회는 불과 70여 년 전에 전쟁을 겪었습니다. 전쟁은 수많은 난민과 고아를 만듭니다. 한국전쟁의 참상이 세계에 알려지자 당시 전 세계에서 구호 물품이 도착했습니다. 덕분에 부모를 잃은 보육원의 아이들에게도 매 끼니가 꼬박꼬박 제공되었다고 합니다. 참 감사한 일이지요. 식사와 잠자리가 주어지니 아이들은 안정을 찾기 시작했습니다.

그런데 아이들이 밤마다 불안해하고 뒤척이며 깊이 잠들지 못했습니다. 부모를 잃은 불안 때문이기도 했지만, 아이들과 대화를 나누던 중 담당자가 중요한 사실 한 가지를 발견했다고 합니다. 즉 아이들은 다음날 밥을 먹지 못하게 될까 봐 불안해하고 있었던 것입니다.

이 문제를 해결하기 위해 구호 단체 직원들이 회의를 했고, 잠자리에 들 때마다 아이들의 손에 자그마한 빵 한 조각을 쥐여 주었습니다. 그 빵은 먹으라고 준 것이 아니었습니다. 그것은 내일도 먹을 것이 공급되리라는 안도감을 주는 상징이었습니다. 어린아이들에게도 이런 본능적 불안함이 있는 것입니다. 내일 먹을 것에 대한 두려움, 이것은 인간의 본성입니다. 예수 믿는 사람들도 예외가 아닙니다. 그런 우리에게 예수님은 말씀하셨습니다.

25그러므로 내가 너희에게 이르노니 목숨을 위하여 무엇을 먹을까 무엇을 마실까 몸을 위하여 무엇을 입을까 염려하지 말라 목숨이 음식보다 중하지 아니하며 몸이 의복보다 중하지 아니하냐 26공중의 새를 보라 심지도 않고 거두지도 않고 창고에 모아들이지도 아니하되 너희 하늘 아버지께서 기르시나니 너희는 이것들보다 귀하지 아니하냐 (중략) 30오늘 있다가 내일 아궁이에 던져지는 들풀도 하나님이 이렇게 입히시거든 하물며 너희일까보냐 믿음이 작은 자들아 31그러므로 염려하여 이르기를 무엇을 먹을까 무엇을 마실까 무엇을 입을까 하지 말라 32이는 다 이방인들이 구하는 것이라 너희 하늘 아버지께서 이 모든 것이 너희에게 있어야 할 줄을 아시느니라 **마 6:25~32**

예수님은 하나님의 공급하심을 믿고 염려하지 말라고 말씀하십니다. 아버지께서 너희를 돌보고 계심을 믿으라는 것입니다. 예수님이 일용할 양식을 구하는 기도를 가르쳐 주신 이유는 이러한 하나님의 돌보심과 공급하심을 믿되, 한 달 전에 가진 믿음으로 혹은 일주일 전에 가진 믿음으로 살지 말고 날마다 새로운 믿음으로 살라는 것입니다.

다시 한 번 강조하지만, 이것은 내일을 위해 아무것도 준비하지 말라는 이야기가 아닙니다. 우리가 우리 자신과 사랑하는 가족의 미래를 위해 여러 가지를 예비하는 것은 주기도문과 배치되거나, 하나님을 신뢰하지 않는 삶을 의미하는 것이 아닙니다. 오히려 충분히 준비하고 예비할 수 있었음에도, 게으르거나 무절제하거나 낭비하여 일용할 양식이 모자라게 되는 것은 어리석은 일이며 하나님께서 기뻐하지 않으시는 삶입니다.

목회자 세미나를 인도할 때면 저는 여건만 된다면 적은 금액이라도 보험에 가입할 것을 권하곤 합니다. 물론 형편이 어렵거나, 오직 주님만 바라봐야 하는 상황이라면 할 수 없지만 최소한의 대비를 해 두는 것은 불신앙이 아니라고 여기기 때문입니다. 강의를 듣는 분 중에는 저보다 연배가 많은 분도 계시지만, 믿음을 이유로 아무 대비도 하지 않으면 가족과 성도들에게 짐이 될 수 있으니 여건만 되면 작은 준비를 하라고 감히 말씀을 드립니다.

물론 과도한 것은 문제겠지요. 어느 정도 준비해야 안심이 되는가, 여기에는 정답이 없습니다. 인간은 아무리 쌓고 준비해 두어도 불안한 존재입니다. 과연 얼마만큼이 허용되는가? 우리의 미래를 위해 얼마나 준비해야 하는가? 모든 것을 공급하고 책임져 주시는 하나님을 신뢰하며 기도한다면, 성령 하나님께서 가르쳐 주실 것이라 확신합니다. 그리고 일용할 양식을 구하는 이 기도가 그 대답이 될 것 같습니다.

일용할 양식을 구하는 '매일의 기도'는 우리를 겸손하게 만들고 아버지를 의지하게 만듭니다. 이 기도를 드리다 보면, 우리가 하나님 없이는 살 수 없는 존재라는 고백을 하게 됩니다. 그리고 그 사실을 깨달은 사람은 자기 옆의 사람들에게도 넉넉하고 너그럽게 대합니다. 저는 바로 이것이 주님이 원하시는 바가 아닌가 하고 생각합니다. 그런 마음과 태도로 살기를 바라시며 이 기도를 가르쳐 주신 것입니다.

감사의 고백

할 수만 있다면 매일 식탁에서 가족이 함께 이 기도를 드리면 좋겠습니다. "좋으신 하나님 아버지, 오늘도 우리에게 일용할 양식을 주셔서 감사합니다. 우리에게 이 양식을 주신 분은 하나님이십니다. 내일도 일용할 양식을 주실 줄을 믿습니다." 이렇게 말입니다.

매일 이 기도를 한다는 것은 하루하루의 삶을 실제적이고 구체적으로 아버지께 맡긴다는 의미입니다. 매일 하나님을 의존하는 삶을 산다는 것입니다. 가족과 함께 식탁에서 이 기도를 드리면 온 식구가 함께 우리 가정의 주인이 누구이신지를 고백하는 것입니다.

그러므로 이 기도는 '감사'의 고백입니다. 우리가 오늘도 먹고 마실 수 있음은 하나님의 은혜요 사랑임을 고백하는 기도이기 때문입니다. 가족이 함께 식탁에서 이 기도를 드릴 때, 그곳은 귀하고 아름다운 예배의 자리가 됩니다.

> 모든 육체에게 먹을 것을 주신 이에게 감사하라 그 인자하심이 영원
> 함이로다 시 136:25

시편은 하나님께서 우리에게 주셔야만 우리가 먹고 마실 수 있다고 말씀합니다. 그것이 하나님의 인자하심 덕분이라고 교훈합니다. 그러므로 매일 일용할 양식을 주신 하나님께 감사하게 되는 것입니다.

이스라엘 백성은 출애굽 이후 광야에서 40년간 이 사실을 체험했습니다. 그들은 험난한 광야에 거하며 하늘만 바라보고 살아야 했습니다. 자신들의 수고로 할 수 있는 일이 없었습니다. 하나님이 주시면 먹고 안 주시면 굶어야 했던, 그 시간은 훈련의 시간이었습니다. 이것은 백성들이 약속의 땅 가나안에 들어가기 전, 하나님 의존적인 삶을 살도록 철저히 훈련시키는 아주 특별한 시간이었습니다.

하나님은 종종 우리에게도 이런 훈련을 시키십니다. 하늘만 보고 살게 하는 훈련입니다. 이때 훈련을 잘 받아야 합니다. 이때 마음에 잘 새겨 두어야 합니다. 평생 먹고 살 영적 밑천을 그 훈련의 기간에 마련해 두면, 남은 삶을 잘 살 수 있습니다.

누구나 그렇겠지만 저 역시 예측 가능하고 준비가 되어 있는 것을 편안하게 생각하는 편입니다. 그런데 하나님은 그런

제게 교회를 개척하게 하셨습니다. 교회 개척은 내일 일을 전혀 예상할 수 없는 일입니다. 저와는 어울리지 않는 일이라고 생각했는데, 바로 그 일을 하라고 하신 것입니다. 마치 광야의 이스라엘이 하늘만 보고 살았던 것처럼, 내일 일을 모른 채 하나님만 보고 교회를 세워야 했습니다.

개척 후에도 훈련은 계속되었습니다. 저는 설교도 미리 준비해야 마음이 편하고, 목회도 미리 계획을 세워야 마음이 편한 사람입니다. 그런데 하나님은 때마다 저를 전혀 새로운 환경으로 밀어 넣으셨습니다. 그리고는 "나만 믿을 수 있겠느냐. 내가 인도하고 책임질 것이다"라고 말씀하셨습니다. 다른 말씀 없이 매일 그것만 물으셨습니다. 장소도, 재정도, 사람도 모두 불투명한데 그것만 물으셨습니다. 그때 깨달았습니다.

'아, 교회가 아니라 나를 만들려고 하시는구나.'

오늘도 그 훈련은 계속되고 있습니다. 지금도 저는 매일 아침 아버지께서 주시는 만나를 거두러 나갑니다. 오늘도 주신다는 믿음으로 거두러 나갑니다. 그 과정에서 배우는 것이 많습니다. 더욱 잘 배워 주님 뜻하신 대로 잘 빚어지기를 원합니다.

이렇듯 하나님이 우리를 광야에 세우시고, 하늘만 바라보는 훈련을 시키실 때가 있습니다. 일용할 양식을 주시는 분이 하나님이심을 절감하지 않을 수 없는 훈련의 때 말입니다. 돌아보면 우리 모두의 삶에는 그런 훈련과 연단의 시간들이 있었을 것입니다. 어쩌면 지금 그 훈련을 받고 있는지도 모릅니다. 그 훈련을 잘 받아야 합니다. 앞에서 우리를 낮추시는 하나님을 다루며 신명기 8장 3절을 읽었는데, 이어지는 4절 말씀은 이렇습니다.

> 이 사십 년 동안에 네 의복이 해어지지 아니하였고 네 발이 부르트지 아니하였느니라 신 8:4

광야에서 날마다 이스라엘을 먹이고 입히신 하나님께서 가나안이라는 새로운 땅에서도 그들을 돌보실 것을 믿으라는 말씀입니다. 이렇듯 하나님은 자기 백성을 책임지십니다. 과거에 나를 도우신 것처럼 앞으로도 도우실 것입니다.

"오늘 우리에게 일용할 양식을 주시옵고"

이 기도는 하나님이 우리의 공급자가 되신다는 신앙고백입니다. 또한 매일 하나님을 신뢰하며 살라는 가르침입니다. 우리가 하나님을 의지해야 하는 존재임을 상기시키는 복된 기도입니다. 우리는 무엇을 의지하며 살아가고 있습니까? 우리의 안전을 어디에서 찾고 있습니까? 예수님은 우리의 공급자 되시는 하늘에 계신 아버지를 의지하라고 말씀하십니다. 오늘 우리의 모든 필요가 그분께 달려 있습니다. 모든 것이 그분에게서 나오고, 그분으로부터 공급될 것입니다.

Chapter 6

오늘 우리에게
일용할 양식을
주시옵고(2)

오늘 우리에게 일용할 양식을 주시옵고

마 6:11

주기도문은 하나님과 관련된 세 가지 기도와 우리 자신과 관련된 네 가지 청원으로 구성되어 있습니다. 예수님이 우리를 위한 기도를 가르치시면서, 일용할 양식을 구하는 기도를 첫 자리에 두셨다는 사실이 감동으로 다가옵니다. 하나님이 참 따뜻하시다는 생각이 들기 때문입니다.

"너희에게는 이런 문제들이 중요하지 않느냐. 그러니 이 세상에 살면서 필요한 것들을 위해 기도해라. 나는 너희의 염려를 잘 알고 있다."

마치 이렇게 말씀해 주시는 것 같습니다. 예수님은 인간의 몸으로 사시면서, 인간이 경험할 수 있는 모든 아픔과 결핍을 체험하셨습니다. 예수님은 가난하셨고, 굶주림을 경험해 보신 분입니다. 그래서 이 기도를 첫 번째 자리에 두신 것이 아닐까 하는 생각도 듭니다. 그만큼 우리를 이해하고 계신 것입니다.

일용할 양식

신앙생활을 하며 영적이고 고상한 것만 추구해야 한다고 생각해서는 안 됩니다. 우리에게는 현실적인 필요가 있고, 또한 우리의 믿음은 작고 연약한 까닭입니다. 먼저 그의 나라와 의를 구하라고 말씀하신 것은 염려하지 말라는 것이지, 먹고 마시는 세상의 문제는 전혀 중요하지 않다는 의미가 아닙니다.

그래서 하늘 아버지께서 이 모든 것이 우리에게 있어야 할 줄 아신다고, 이 모든 것을 우리에게 더하실 거라고 약속을 덧붙이신 것입니다.

하나님은 우리가 너무 가난하고, 궁핍하게 사는 것을 원하지 않으십니다. 굶기를 밥 먹듯 하며 고단하게 살기를 원하지 않으십니다. 그래서 이 일을 두고 기도하기를 원하십니다. 하나님은 약한 자, 마음이 상한 자를 돕고 섬기고 사랑하는 것을 기뻐하십니다. 자식이 굶고, 자식이 고통당하는 것을 원치 않으시기 때문입니다.

그러므로 일용할 양식, 우리의 실제적 필요를 구하는 기도를 부끄러워하거나 수준이 낮은 기도라고 생각해서는 안 됩니다. 오직 그것만을 기도하는 것이 문제이지, 그것을 구하는 것은 문제가 아닙니다. 오히려 그러지 않는 척하는 것이 위선일 수도 있습니다. 우리는 예수님께서 가르쳐 주신 대로, 세상을 살아가며 필요한 것들을 담대히 구해야 합니다. 우리가 구하면 우리를 사랑하시는 아버지께서 그분의 방법으로 도우실 것입니다.

한 가지 생각해 보아야 할 것이 있습니다. 그것은 본문에서 말하는 '일용할 양식'이 구체적으로 무엇을 의미하는가 입니다. 전통적으로 이 양식은 여섯 가지로 해석되어 왔습니다.

① 성찬의 떡   ② 예수 그리스도   ③ 영적인 양식

④ 육적인 양식   ⑤ 영적+육적인 양식   ⑥ 세상의 모든 필요

여러분의 생각은 어떻습니까? 신학자들은 본문의 의미를 풀어내기 위해 이런저런 해석들을 내놓지만, 사실 너무 복잡하게 생각할 이유는 없다고 생각합니다. 말 그대로 일용할 양식, 즉 오늘 우리의 구체적인 필요를 구하라는 말씀으로 이해하면 됩니다.

양식으로 번역된 헬라어 '알토스'는 '빵'을 가리키며, 영어로는 'bread'라고 번역되었습니다. 그렇다면 이 기도는 말 그대로 빵을 달라는 기도입니다. 영어에 'breadwinner'라는 단어가 있습니다. 사전을 찾아보면, 가정의 생계를 책임지는 사람이라는 뜻도 있고, 가정의 생계 수단(직업)이라는 뜻도 있습니다. 이 단어는 출애굽기 16장을 생각나게 합니다. 즉 가정의 대표자 한 사람이 오늘 먹을 식구들의 만나를 거두러 나갔으니, 그가 바로 breadwinner인 것입니다. 그렇게 보면 빵은 단지 음식을 넘어서는 개념으로도 보입니다.

또한 헬라어 '알토스'는 이스라엘 사람들이 주식으로 먹던 빵을 의미합니다. 따라서 본문이 말하는 일용할 양식은 있어도 되고 없어도 되는 간식이 아니라, 생존에 꼭 필요한 음식을 의미합니다. 하나님 나라 백성의 '생존을 위한 기도'라고 표현할 수 있는 것입니다. 일용할 양식을 구하는 기도는 취미 생활이나, 맛있는 간식, 혹은 보다 높은 삶의 질을 위해 기도하는 것이

아닙니다. 오늘 생존에 필수적인 양식을 구하는 기도입니다.

그렇다면 일용할 양식을 구하는 이 기도는 오늘날 우리에게 어떤 의미가 있을까요? 사실 가난한 나라의 사람들이나 각 나라의 극빈층을 제외하면, 이 시대에 생존의 차원에서 일용할 양식을 구하는 기도를 간절하게 드려야 할 사람은 많지 않아 보입니다. 당장 우리 자신만 보아도 대부분 일용할 양식을 넘어, 그 이상의 필요를 구하며 삽니다. 어쩌면 아이들은 이렇게 말할지도 모르겠습니다.

"엄마, 왜 이 기도를 드려야 해요? 슈퍼에 가면 음식이 넘치고, 하루 세끼를 못 먹는 게 아닌데, 왜 일용할 양식을 달라고 기도해야 해요?"

여전히 생존의 차원에서 일용할 양식이 아쉽고 절박한 사람들도 많을 것입니다. 하지만 현대 문명사회에서 많은 사람에게 일용할 양식은 간절하고 절실한 기도 제목이 아닙니다. 그런 우리에게 이 기도는 어떤 의미가 있는 것일까요? 바로 '감사'입니다.

이 기도를 드림으로 우리는 감사를 배울 수 있습니다. 일용할 양식이 날마다 주어지는 것은 당연한 일이 아닙니다. 우습게 여길 일이 아닙니다. 지금 내게 주어진 일용할 양식은 귀한 것이며, 주변의 누군가는 누리지 못하는 값진 것입니다. 우리가 하루하루 살아가는 것이 은혜요, 매일매일 먹고 사는 것이 기적인 것입니다.

랭던 길키(Langdon Gilkey)가 쓴 《산둥 수용소》라는 책이 생각 납니다. 세계대전 당시 중국 북부의 민간인 포로수용소에서 있었던 이야기를 담은 책입니다. 일본 패전이 선언된 후, 포로수 용소에 수감되어 있던 외국인들은 본국으로 귀환하기 전에 중 국 청도에 있는 서양식 호텔로 옮겨 잠시 그곳에 머무르게 됩 니다. 저자는 당시의 상황을 이렇게 묘사합니다.

호텔은 마치 이 세상이 아닌 것 같았습니다. 이런 호화스러움에서 멀 어져 있던 우리들에게 그곳은 별천지였습니다. 두꺼운 양탄자, 넓은 숙소, 수도꼭지를 틀기만 하면 나오는 뜨거운 물, 식탁보와 은식기, 온갖 해산물과 스테이크와 와인, 그리고 재즈 밴드의 연주, 모든 것이 감동이었습니다. 그러나, 우리는 너무 빨리 호화스러운 생활에 익숙 해졌고 감동은 사라지기 시작했습니다. 미국으로 돌아온 지 얼마 되 지 않아 나는 근처 식료품 가게에 간 적이 있습니다. 그곳은 대형 슈 퍼마켓이라기보다는 평범한 구멍가게였습니다. 그러나 나는 완전히 압도당하고 말았습니다. 선반마다 가득 쌓여 있는 음식들, 빵과 통조 림, 야채와 과일, 고기와 생선. 음식에 파묻히는 느낌이었습니다. 수 용소에서는 너무나 귀했고, 심지어 계란 한 알을 더 얻어 내기 위해 치사한 다툼까지 일어나곤 했었는데, 이곳에는 음식이 넘쳐 나고 있 었습니다.

어떤 생각이 드십니까? 우리가 주기도문에 있는 '일용할 양식'을 생존에 필요한 음식이라고 이해한다면, 우리는 날마다 이 기도를 드림으로 우리에게 주어진 모든 것을 감사하게 될 것입니다. 우리를 생존하게 하시는 분, 우리의 생명을 유지시키는 분이 하나님이심을 고백하게 될 것입니다. 우리 가정의 식탁에서 이런 은혜가 있기를 바랍니다. 다음 세대에게도 이 사실을 잘 가르칠 수 있기를 바랍니다. 감사와 사랑을 가르치는 것, 그것은 부모에게 주어진 중요한 책임입니다. 감사를 잃어버린 심령은 황폐해집니다.

적절히 구하라

한편 이 일용한 양식을 조금 더 확장해서 생각해 볼 수도 있습니다. 즉 우리가 하나님 안에서 복된 삶을 살아가는 데 필요한 모든 것을 의미한다고, 단지 먹는 것뿐만 아니라 하루를 사는 데 필요한 것 모든 것을 의미한다고 생각하는 것입니다. 일찍이 루터는 일용할 양식을 가리켜 "의복과 집, 건강과 기후 등 우리가 생명을 유지하는 데 필요한 모든 것"을 의미한다고 해석했습니다. 그런 것들을 놓고 기도하라는 것이지요.

우리가 믿는 하나님은 사랑의 아버지이십니다. 특별한 상황이 아니라면, 사랑하는 자녀들이 겨우겨우 생명만 유지하며 살기를 바라지는 않으실 것입니다. 그러니 일용할 양식을 구하는 기도는 좀 더 넓게 이해할 필요가 있습니다. 그렇게 생각하면 이 일용할 양식의 내용과 범위는 시대와 문화에 따라 조금은 달라질 수도 있습니다. 예를 들어 특정 지역에 사는 사람에게는 자동차가 일용할 양식일 수도 있는 것입니다.

유학 시절, 후배 목사님이 제가 공부하던 학교에 유학을 왔습니다. 미국에 처음 오는 목회자 부부는 책으로 미국을 배운 정도라고 해야 할까요? 한국처럼 '걸어서 슈퍼에 가고, 버스 타고 시장 다녀오면 되겠지' 생각했다고 합니다. 그런데 막상 미국에 와서 보니 자동차가 생필품이요 일용할 양식에 해당된다는 것을 알게 된 것입니다. 워낙 형편이 어려워 '자동차'라는 일용할 양식을 놓고 간절히 함께 기도했던 기억이 납니다. 그 기도는 응답되었습니다.

이렇듯 일용할 양식이란 사람에 따라, 상황에 따라 다양한 형태를 가질 수 있습니다. 우리는 그런 것들을 아버지께 구할 수 있고, 또 우리가 구할 때 아버지께서 허락하십니다. 우리는 일용할 양식을 구하더라도 그보다 더 넉넉하게 채워 주시는 경우도 많이 보았습니다. 참으로 감사한 일입니다.

그렇다면 일용할 양식은 도대체 어느 정도의 양식을 의미하는 것일까요? 어디까지가 일용할 양식이며, 어디서부터 우리의 욕심인 것일까요? 저는 '일용할'이라는 단어 속에 '적절한'이라는 의미도 담겨 있다고 생각합니다. 예수님이 구체적으로 '얼마까지 구하라. 어느 정도 구하라' 말씀하지는 않으셨지만 보이지 않는 어떤 '선'을 정해 주셨다는 느낌이 듭니다. 왜냐하면 그저 양식을 구하라 하지 않으시고, '일용할' 양식을 구하라 하셨기 때문입니다.

하나님은 우리를 믿어 주시고 인격적으로 대해 주십니다. 개인의 상황과 필요가 다 다르다는 것을 아시기에, 양이나 금액이나 물품 목록을 정해 주시지 않고 각자의 상황과 필요에 따라 일용할 양식을 구하라고 말씀하셨습니다. 생각해 보세요. 홀로 사는 가정, 자녀가 하나 있는 가정, 자녀가 다섯 있는 가정, 부모님을 모셔야 하는 가정, 환자가 있는 가정 등은 일용할 양식의 크기와 범위가 다 다르지 않을까요? 하나님은 그런 상황들을 다 이해하시고 품어 주시는 것입니다.

또한 하나님은 우리 스스로가 지혜롭게 판단하기를 기대하고 원하십니다. 출애굽 백성이 만나를 거둘 때는 '한 사람이 한 오멜씩'으로 일용할 양식의 양을 정해 주셨습니다. 그런데 우리에게는 그런 구체적인 선을 정하지 않으셨습니다. 우리 스스로가 성숙하고 지혜롭게 선택하기를 기대하시는 것입니다. 마치 이렇게 말씀하시는 것 같습니다.

"나의 영이 너희 안에 있으니 언제든 나에게 지혜를 구하여라. 너희는 내 자녀이니 네 안에 있는 세상의 정욕들을 다스릴 수 있을 것이다. 그러니 네가 구해야 하는 일용할 양식이 어느 정도인지 지혜롭게 판단하려무나. 그만큼만 소유하거라. 그걸로 자족하거라. 그것이 나의 뜻이며 너에게도 좋은 거란다."

하나님은 우리를 사랑하실 뿐만 아니라 우리에게 기대하고 계십니다. 그것이 부담스럽기도 하지만 기쁘기도 합니다. 그런 기대가 있다는 것은 그만큼 우리가 자라고 나아질 가능성이 있다는 이야기이기 때문입니다. 만일 하나님이 우리를 도무지 믿지 못해서, 하나하나 세부적인 지침과 법으로 다스리셨다면 우리는 결코 성장하지 못할 것입니다.

그래서 저도 늘 그런 마음으로 사람을 대하고 교회를 섬기려고 노력합니다. 성도 한 사람 한 사람을 신뢰하고 기대합니다. 스스로 믿음의 길을 걸어갈 수 있도록 곁에서 지켜보며 기도합니다. 아버지께서 저를 그렇게 대해 주시기 때문입니다.

필요를 아는 지혜

인간은 욕심이 많고 어리석은 존재입니다. 자신의 일용할 양식이 어느 정도인지 지혜롭게 판단하지 못할 때도 있고, 일부러 모른 척할 때도 있을 것입니다. 그렇기에 우리는 하나님께 이 기도를 드려야 합니다. 그럴 때 이 기도는 '구하는 기도'인 동시에 "하나님 저는 제 일용할 양식이 어느 정도인지 모르겠습니다. 하지만 아버지는 아시지요? 오늘도 주님이 보시기에 적절한 만큼 허락해 주세요"라는 '맡김의 기도'이기도 할 것입니다.

우리가 일용할 양식을 구해야 하는 이유는 인간이 연약한 존재이기 때문입니다. 우리는 지나치게 가난하고 배고프면 절망할 수 있고, 심지어 사고를 칠 수도 있는 약한 존재들입니다. 때문에 우리에게는 일용할 양식이 필요합니다.

또한 우리는 욕심 많은 존재이기에, 주어진 것에 쉽게 만족하지 못하는 존재이기에 적당한 수준의 일용할 양식이 필요합니다. 넘치게 받는 것은 복이 아닐 수도 있습니다. 다스릴 준비도 되어 있지 않은데 넘치도록 받는 것보다는, 우리의 영적인 성숙의 수준에 맞게 적절히 주어지는 것이 복이 됩니다. 잠언을 보면 아굴은 이렇게 기도했습니다.

> 8곧 헛된 것과 거짓말을 내게서 멀리 하옵시며 나를 가난하게도 마옵시고 부하게도 마옵시고 오직 필요한 양식으로 나를 먹이시옵소서 9혹 내가 배불러서 하나님을 모른다 여호와가 누구냐 할까 하오며 혹 내가 가난하여 도둑질하고 내 하나님의 이름을 욕되게 할까 두려워함이니이다 잠 30:8~9

인간을 알고, 자신을 아는 지혜자의 기도라는 생각이 들지 않습니까? 옥한흠 목사님은 《무엇을 기도할까》에서 "일용할 양식을 구하는 기도에는 분수 이상의 것을 구하지 말라는 경고도 담겨 있다"라고 이야기하셨습니다. 옳습니다. 우리의 기도는 자칫하면 도를 넘기가 쉽습니다. 욕심이 담긴 기도가 되기가 쉬운 것입니다.

옥한흠 목사님은 그동안 우리가 도를 넘는 기도, 욕심부리는 기도를 해 왔지만 이제는 하나님이 일용할 양식을 주시는 것에 감사해야 한다고 하셨습니다. 내가 구하고 기대한 만큼이 아니라, 나에게 필요한 만큼만 주시는 것을 감사해야 한다는 말입니다. 수준 높은 감사라는 생각이 들었습니다.

더 주셨다면, 내가 원하는 대로 다 주셨다면 행복할까요? 아닙니다. 그랬다면 우리는 하나님을 멀리하고 은혜를 하찮게 여기는 사람이 되었을지도 모릅니다. 하나님은 우리가 주님 곁에 머물도록 하기 위해 필요한 만큼만 주십니다. 때때로 우리를 낮추시고 가난하게 하시는 것도 같은 이유입니다. 이는 건강, 관계, 성공 등 모든 것에 적용이 됩니다. 우리로 주님을 찾게 하고, 주님 곁에 머물게 하시기 위해서입니다.

진실된 마음으로 날마다 일용할 양식을 구하는 사람은 감사하고, 자족할 줄 아는 사람입니다. 자신의 필요와 실력을 잘 아는 지혜자이기도 합니다. 대부분의 사람은 일용할 양식은 기본이고 그 이상의 것이 주어질 때에만 감사합니다. 그나마 그런 감사도 시간이 지날수록 서서히 사라져 버리고 맙니다. 지혜도 실력도 없기 때문입니다.

이 기도를 진심으로 드리지 못하는 사람은 자신을 잘 보질 못합니다. 그래서 '아굴의 기도'와는 달리 자신은 아무리 부유하고 많은 것을 가져도 하나님을 잘 섬기고, 주어진 모든 것을 잘 다스릴 수 있다고 착각합니다. 자신의 나약함을 아는 사람은 그나마 다행입니다. 그러나 자신이 성숙하며 넘어질 리가 없다고 생각하는 이들은 위험합니다. 나는 어떻습니까?

오래전 존 오트버그(John Ortberg)의 《인생 게임》을 보다가 한 설문 조사 결과가 눈에 띄었습니다. 그에 따르면 21%의 미국인들이 부유한 편에 속하지만, 자신이 부자라고 느끼는 사람은 0.5%에 불과하다고 합니다. 그 이유는 이웃과 비교하기 때문입니다.

	1970년	2000년
두 번째 자가용	20%	59%
두 번째 텔레비전	3%	45%
두 대 이상의 전화기	2%	78%
식기 세척기	8%	44%

표를 보면 2000년을 사는 사람은 30년 전에 살던 사람보다 더 많이, 더 좋은 것을 소유하고 있습니다. 여기에는 단순히 자가용, 텔레비전, 전화기 등이 예시로 나왔지만 사실상 생활 전반에 더 큰 변화가 있을 것입니다. 그럼에도 불구하고 인간은 더 행복해지지 않았습니다. 전보다 더 감사하는 삶을 살게 된 것도 아닙니다. 사실 더 나빠졌으면 나빠졌지 좋아지지는 않았

을 것입니다. 이를 두고 저자가 남긴 말이 인상적입니다.

> 우리는 이 집과 이 자동차가 나에게 꼭 필요한 것인지 묻지 않는다.
> 우리는 이 집과 차가 옆집의 것보다 더 좋은지를 묻는다.

그는 '원하는 것'과 '필요한 것'은 다르다고 말합니다. 우리가 새겨들어야 할 말입니다. 일용할 양식이란 내가 원하는 것이 아니라 나에게 필요한 것입니다. 하나님은 우리에게 무엇이 필요한지를 아시고 또 그 필요를 채워 주실 수 있기에, 우리는 하나님께 일용할 양식을 구하는 것입니다. 이렇게 말이지요.

"아버지, 아버지는 제게 무엇이 필요한지 아십니다. 오늘도 그것을 주세요."

함께 누려야 할 은혜

이 기도에서 놓치지 말아야 할 것은 이것이 공동체적인 고백이라는 사실입니다. 예수님은 '나에게'가 아니라 '우리에게' 필요한 일용할 양식을 구하라고 가르치셨습니다. 앞에서 주기도문에는 기독교의 공동체성이 담겨 있음을 말씀드렸습니다. 기독교 신앙은 나만 잘 먹고, 나만 잘살면 되는 것이 아닙니다.

그러므로 우리는 이 기도를 드릴 때마다 내 자신이 하나님의 공급하심을 필요로 하는 존재임을 느낌과 동시에, 내 곁에 있는 지체들도 그러한 은혜를 필요로 하는 존재임을 생각해야 합니다. 그리고 혹시라도 나의 탐욕이 형제를 굶주리게 하거나 아프게 하고 있지는 않는지를 돌아보아야 합니다. 하나님은 우리가 자신의 필요만을 위해 기도하는 사람이 되지 않기를 원하십니다. 우리는 우리에게 일용할 양식을 주시기를 기도해야 합니다.

하루는 〈전 세계 음식물의 1/3 버려져, 연간 438조원 규모〉라는 제목의 기사를 보게 되었습니다. 세계에서 기아에 허덕이는 이들이 8억 7천만 명이나 되는데, 다른 어딘가에서는 먹지도 않고 버려지는 음식이 어마어마하다는 내용이었습니다. 거의 10년 전 기사인데도 여전히 마음에 와닿습니다. 기사를 읽으며 일용할 양식을 구하라고 말씀하신 예수님의 지혜를 생각했습니다. 우리가 일용할 양식을 구하지 않고, 일용할 양식에 감사하지 않아서 이런 세계적인 불균형과 재앙들이 일어나고 있는 것은 아닐까요?

14이제 너희의 넉넉한 것으로 그들의 부족한 것을 보충함은 후에 그들의 넉넉한 것으로 너희의 부족한 것을 보충하여 균등하게 하려 함이라 15기록된 것 같이 많이 거둔 자도 남지 아니하였고 적게 거둔 자도 모자라지 아니하였느니라 **고후 8:14~15**

하나님은 우리를 통해 세상 모든 사람에게 일용할 양식을 균등히 나누어 주길 원하십니다. 주어진 것을 베풀고 나누는 것, 그것은 하나님이 내 일용할 양식을 채우신다고 믿을 때 가능한 일입니다. 그러므로 이 기도에는 믿음이 담겨 있습니다.

이 시대만큼 노후 대책에 관해 고민하는 시대는 없었던 것 같습니다. 은퇴는 당겨지고 수명은 늘어나기에 물질, 관계, 건강 등 준비해야 할 것이 참 많다고 느껴지는 시대입니다. 미디어가 그것을 부추기기도 합니다. 그러나 너무 그런 생각에 빠지다 보면 불안하고 위축될 수 있습니다. 하나님은 보물을 하늘에 쌓으라고 하셨는데, 하나님의 나라와 의를 위해 내게 주신 것들을 사용할 용기가 자꾸만 사라지는 것입니다.

우리는 미래를 준비해야 합니다. 그러나 동시에 일용할 양식을 주시는 하나님을 더욱 신뢰해야 합니다. 주변 사람들에게 베풀고 나눌 수 있어야 합니다. 그것이 하늘에 보물을 쌓는 것입니다. 누가 그리할 수 있습니까? 하나님께서 일용할 양식을 주신다는 믿음을 가진 사람입니다.

한국에서 아이를 낳지 않는 큰 이유 중 하나가 교육비 때문이라고 합니다. 이해합니다. 한국은 사교육비가 정말 비쌉니다. 그런데 아직 태어나지도 않은 아이의 교육비 걱정 때문에 아예 출산을 포기한다는 것은 안타까운 일입니다. 혹시 엄청난 학원에 보내고, 유학도 보내고, 그런 계산을 하다 보니 교육비가 너무 비싼 것은 아닐까요? 단순히 비교할 수만은 없겠지만 그런 면에서는 옛 어른들이 더 믿음이 좋았던 것 같습니다. 옛 어르신들은 주시는 대로 낳았습니다. 이런 믿음이 있었거든요. "자기 먹을 것은 가지고 태어난다."

> 31그러므로 염려하여 이르기를 무엇을 먹을까 무엇을 마실까 무엇
> 을 입을까 하지 말라 32이는 다 이방인들이 구하는 것이라 너희 하
> 늘 아버지께서 이 모든 것이 너희에게 있어야 할 줄을 아시느니라 마
> 6:31~32

무엇보다 우리가 하나님 없는 이방인처럼 살지 않기를 기도합니다. 예수님께서 염려하지 말라고 말씀하신 이유는 우리의 일용할 양식, 생계를 하나님이 책임질 자신이 있으시기 때문 아닐까요? '자신이 있으시구나!' 저는 그런 생각을 했습니다.

매일매일 가족과 함께 이 기도를 드려야 합니다. 어제 주신 것은 어제 일, 주님과 우리의 관계는 날마다 새롭고 신선합니다. 주님이 주시는 양식은 오래 저장된 방부제 가득한 음식이 아니라, 오늘 새로 주시는 유기농 신선식품 같습니다. 날마다 새롭게 주시는 은혜입니다.

이 기도를 통해 우리는 염려하지 않고 감사하게 됩니다. 욕심을 버리고 절제하게 됩니다. 나만 아니라 이웃을 생각하게 됩니다. 나누고 베푸는 삶을 살게 됩니다. 오늘부터 그것을 시험해 보세요. 하나님께서 책임져 주십니다.

Chapter 7

우리가 우리에게
죄 지은 자를
사하여 준 것 같이(1)

우리가 우리에게 죄 지은 자를 사하여 준 것 같이

우리 죄를 사하여 주시옵고

마 6:12

주기도문 안에 담긴 우리 자신을 위한 네 가지 기도 중 첫 번째는 '일용할 양식'을 구하는 기도입니다. 그리고 두 번째가 '죄 사함'을 구하는 기도입니다. 예수님은 날마다 우리 육신의 필요와 영혼의 필요를 함께 구하라고 가르치신 것입니다.

그런데 육체의 필요를 위한 기도는 한 가지이지만 영혼을 위한 기도는 '죄 사함'을 비롯하여 '시험에 들지 않음'과 '악에서 구함' 이렇게 세 가지나 된다는 사실에 주목할 필요가 있습니다. 어쩌면 인간에게 영적인 필요는 육적인 필요보다 더 중요하다는 의미일 것입니다. 또한 수많은 기도 제목 중 이 세 가지를 가르치셨다면, 이 세 가지는 정말 중요한 기도일 것이라는 생각도 듭니다.

죄 사함을 구하라

인간의 몸을 입고 이 세상에서 살아가야 하는 우리에게 육신의 필요는 매우 중요합니다. 그래서 예수님은 먼저 우리의 일용할 양식을 위해 기도하라고 가르치셨습니다. 그러나 진정한 행복은 단지 육신이 배부를 때 찾아오는 것이 아닙니다. 잠언은 이렇게 말씀합니다.

마른 떡 한 조각만 있고도 화목하는 것이 제육이 집에 가득하고도 다

투는 것보다 나으니라 **잠 17:1**

세상에서 많은 것을 가진 사람, 성공한 사람들은 항상 행복하고 즐거울까요? 그렇지 않습니다. 이 시대의 끔찍한 사건들은 단지 육신의 양식이 없고 필요한 것들이 채워지지 않아서 일어나는 일이 아닙니다. 단지 가난하고 배고파서 일어나는 사건은 극소수이며, 오히려 극악무도하지 않은 경우가 더 많습니다. 어린 자식을 위해 분유와 기저귀를 훔치다 잡힌 엄마를 세상은 불쌍히 여기고, 오히려 도와주려고 하지 않던가요?

모든 인생의 불행과 인간 악행의 뿌리를 살펴보면, 영혼이 병들고 내면이 병들어서 생기는 일입니다. 채워져야 하는 곳이 비어 있기 때문에 일어나는 일입니다. 그런 이유로 일어나는 범죄와 악행들은 잔인합니다. 우리의 상상을 초월합니다.

가난해도 가정이 화목하면 살아갈 힘이 생깁니다. 고난이 있어도 영적으로 채움받고 바로잡히면 가난도 견디고 고난도 이겨 낼 수 있습니다. 나를 진정으로 사랑하는 한 사람의 위로와 사랑은, 절망과 어두움의 한가운데에서도 우리를 지켜 낼 수 있습니다. 인간에게 진정으로 중요한 것은 내면세계이고, 영적인 부분이기 때문입니다. 그곳이 건강하면 고난을 견뎌 낼 수 있고, 어려운 환경 중에도 감사를 잃지 않을 수 있습니다.

반대로 내면이 비어 있고 영혼이 뒤틀리고 비뚤어지면, 아무리 세상의 필요가 채워져도 불행합니다. 악의 구렁텅이로 쉽게 빨려 들어갑니다. 그러므로 내면세계를 가꾸고, 영혼을 돌보는 일을 소홀히 해서는 안 됩니다. 그곳이 무너지면 우리의 삶이 무너지기 때문입니다.

그래서 이제부터 살펴볼 영혼의 필요를 위한 기도는 중요합니다. 영혼의 필요가 채워지고 우리의 영혼이 아버지의 보호하심 안에 있으면, 견디고 이기고 누리는 자가 될 수 있습니다. 주기도문을 묵상하다 보면 생략하거나 가벼이 여겨도 될 기도가 단 한 문장도 없다는 생각이 듭니다. 군더더기가 없으며, 빼도 될 내용이 없습니다.

예수님은 우리에게 죄 사함을 구하라고 말씀하십니다. 그런데 이 기도가 부담스러운 이유는 심각한 단서가 하나 붙어 있기 때문입니다.

> 우리가 우리에게 죄 지은 자를 사하여 준 것 같이 우리 죄를 사하여
> 주시옵고 마 6:12

만약 우리가 누군가를 용서하지 않는다면 아버지도 우리를 용서하지 않으신다는 말씀입니다. 심지어 주기도문 뒤에는 이러한 예수님의 말씀이 이어집니다.

> 14너희가 사람의 잘못을 용서하면 너희 하늘 아버지께서도 너희 잘
> 못을 용서하시려니와 15너희가 사람의 잘못을 용서하지 아니하면 너

희 아버지께서도 너희 잘못을 용서하지 아니하시리라 **마 6:14~15**

이 말씀을 문자 그대로 우리의 삶에 적용한다면 과연 우리 중 누가 하나님의 용서와 죄 사함의 은혜를 누릴 수 있을까요? 분명 이 기도는 불편하고 부담이 됩니다. 이 부분은 뒤에서 더 깊이 다루겠습니다. 우선 다시 12절 말씀을 봅니다.

죄 사함을 구하는 이 기도가 중요한 이유는, 하나님과의 친밀한 교제와 동행을 가로막는 가장 큰 장애물이 '죄'이기 때문입니다. 죄는 기도를 막고 평안을 깨뜨립니다. 죄는 우리를 속박하고 절망하게 만듭니다. 하나님과 멀어지게 만듭니다. 그러므로 반드시 해결되어야 합니다.

그런 차원에서 이 기도는 모든 인간이 안고 있는 근원적인 문제의 해결을 구하는 기도입니다. 인간은 선천적인 부패함과 불완전함으로 인해 죄를 짓지 않고는 하루도 살 수 없는 존재입니다. 때문에 하루를 살았다는 것은 그만큼 더 많은 죄와 악을 행했다는 의미일 수도 있습니다. 안타까운 일이지만 그것이 우리 모두의 현실입니다. 사도 바울조차 자신의 내면에 날마다 치열한 싸움이 일어난다고 고백했습니다.

21그러므로 내가 한 법을 깨달았노니 곧 선을 행하기 원하는 나에게 악이 함께 있는 것이로다 22내 속사람으로는 하나님의 법을 즐거워하되 23내 지체 속에서 한 다른 법이 내 마음의 법과 싸워 내 지체 속

에 있는 죄의 법으로 나를 사로잡는 것을 보는도다 24오호라 나는 곤
고한 사람이로다 이 사망의 몸에서 누가 나를 건져내랴 롬 7:21~24

　물론 하나님의 자녀인 우리는 예수 그리스도의 십자가 은혜
로 말미암아 죄와 사망의 권세에서 벗어나 생명과 성령의 권세
아래 사는 사람들입니다. 그럼에도 우리 안에는 여전히 추악한
죄의 본성과 악의 쓴 뿌리들이 잔존하고 있습니다. 우리는 원
하지 않는 말을 하고서 후회합니다. 절대 하지 않겠다고 다짐
한 행동을 다시 해 버립니다. 하나님만 의지하겠노라 눈물로
기도하고서 또다시 자신을 의지합니다. 일용할 양식에 감사하
겠노라 기도하고서 욕심을 부립니다. 이런 연약함이 우리의 현
실입니다.

　예수님은 이 사실을 너무나 잘 알고 계십니다. 그래서 이미
십자가의 은혜로 모든 죄를 용서받고 하나님의 자녀가 되었음
에도 날마다 죄 사함을 구해야 한다고 가르치신 것입니다. 이
기도가 천국 백성에게 선언되는 산상수훈 가운데 기록된 말씀
임을, 제자들을 향한 말씀임을 잊지 말아야 합니다. 이 말씀은
하나님을 알지 못하는 이방인이 아닌, 하나님의 백성을 향한
말씀입니다. 이미 십자가의 은혜를 경험한 우리가 날마다 드려
야 할 기도가 분명합니다.

　1그러므로 이제 그리스도 예수 안에 있는 자에게는 결코 정죄함이 없

나니 2이는 그리스도 예수 안에 있는 생명의 성령의 법이 죄와 사망의 법에서 너를 해방하였음이라 **롬 8:1~2**

성경은 그 누구도 예수 안에 있는 하나님의 자녀들을 정죄할 수 없다고 말씀합니다. 죄에 대해 최종 판결을 내리는 재판장이신 하나님께서 무죄 선언을 하셨기에 그 누구도 우리를 정죄할 수는 없는 것입니다. 그런데도 왜 우리는 날마다 죄를 용서해 달라고 기도해야 할까요? 아무리 경건하고, 많은 훈련을 받고, 신앙의 경륜이 깊다고 해도 죄를 짓지 않은 채로 하루를 살 수 있는 사람은 없기 때문입니다.

날마다 배가 고프기 때문에 날마다 일용할 양식이 필요하듯이, 날마다 죄를 짓는 우리에게는 죄 사함의 은혜, 용서의 은혜도 날마다 필요합니다. 따라서 죄 사함의 은혜를 구하는 기도는 일용할 양식을 구하는 기도와 함께 날마다 드려야 하는 것입니다.

이 기도는 오직 하나님의 자녀만이 드릴 수 있는 기도입니다. 세상 사람들은 이 기도를 드릴 수 없습니다. 왜냐하면 죄의 심각성을 인식하지 못할 뿐 아니라, 하나님의 용서의 은혜가 얼마나 소중하고 절실한지 모르기 때문입니다. 만일 죄를 죄로 여기지 않고, 죄가 내 양심을 찌르지 않는다면 어떻게 날마다 이런 기도를 드릴 수 있을까요? 또 용서받아야 할 죄가 전혀 생각나지 않는다면 어떻게 날마다 나를 돌아보며 회개를 할 수 있을까요?

하나님 앞에서 부끄러운 삶을 살았고, 죄를 지었음에도 불구하고 그 일에 대해 내 마음에 찔림이 없고 아프지 않다면, 우리는 예수님께서 가르쳐 주신 이 기도를 드릴 수 없을 것입니다. 날마다 죄 사함을 위해 드리는 기도는 이미 용서받은 자, 죄에 대해 민감한 자, 용서의 필요성을 느끼는 자만이 드릴 수 있는 기도가 분명합니다.

온몸이 깨끗한 자

예수께서 이르시되 이미 목욕한 자는 발밖에 씻을 필요가 없느니라 온 몸이 깨끗하니라 너희가 깨끗하나 다는 아니니라 하시니 **요 13:10**

요한복음의 말씀처럼 이 기도는 우리의 발을 씻는 기도입니다. 온몸이 깨끗한 사람은 발의 더러움을 견디지 못할 것입니다. 발을 씻으려 할 것입니다. 하지만 온몸이 더러운 사람은 발이 조금 더러워진들 전혀 신경 쓰지 않습니다. 어차피 온몸이 더럽기 때문입니다. 아이들이 진흙이나 모래 장난을 할 때 보면, 처음 더러워질 때가 힘들지 한 번 더러워지고 나면 그 더러움을 즐기게 되지 않습니까?

왜 우리는 예수 믿고 나서 죄에 대해 더 민감해지는 것일까요? 온몸이 씻음받았기 때문입니다. 하나님의 자녀로 새롭게 태어나게 되면, 옛 사람의 생각과 욕심대로 사는 것이 불편해지기 때문입니다. 그래서 우리가 행위로 구원받는 것이 아님에도 불구하고, 구원의 확신이 있다면서 죄를 버리지 못하고 언어 행실이 하나님의 자녀답지 못한 이들을 보면 고개를 갸웃거리게 되는 것입니다.

그런 사람의 구원에 의구심을 갖게 되는 것은 이상한 일이 아닙니다. 구원은 주님께 속한 것이라 함부로 판단할 수는 없으나, 한 사람의 삶과 언어 행실은 그의 소속과 신분을 말해 주기 때문입니다. 따라서 예수 믿는 사람의 인품과 삶은 강조될 수밖에 없습니다. 내 속에 있는 생명은 밖으로 드러날 수밖에 없기 때문입니다.

그러므로 이 기도는 예수 그리스도의 십자가 은혜를 체험한 사람, 용서받아 깨끗한 사람들이 드리는 기도입니다. 이미 온몸이 깨끗하기에 더러워진 발이 눈에 띄고, 또 오늘 하루를 살아 내며 더러워질 발을 생각하며 아버지께 구하는 것입니다. "아버지, 오늘도 죄 사함의 은혜를 주소서. 그 은혜 안에 살게 하소서." 이렇게 정결히 살기를 기도하는 것입니다.

재차 강조하지만 이 기도는 필요성을 느끼는 사람만이 진심으로 드릴 수 있습니다. '나는 별로 용서받을 것이 없는데? 저 사람이 문제이지 나는 법 없이도 살 사람인데?' 이렇게 생각하는 사람이 "아버지여, 오늘도 나의 죄를 사하여 주소서"라고 기도할 수 있을까요? 그럴 순 없습니다. 그러므로 이 기도는 우리 신앙의 현주소를 드러내며, 우리 믿음의 성숙도를 드러냅니다. 나는 이 기도를 진심으로 드릴 수 있습니까?

하루는 드라마를 보다 은혜를 받은 적이 있습니다. 작중에 큰 화재가 나서 많은 사람들이 생명을 잃고 다치게 되었습니다. 조사를 해 보니 피해가 그렇게 커진 이유 중 하나는 벽에 사용된 불연재가 불량품이었기 때문이었습니다. 더 깊이 조사해 보니 관할 소방서의 소방관은 전부터 현장 조사를 통해 불량을 발견하고 시정을 요구했고, 다시 공사했다는 서류와 공사 영수증까지 받아 둔 상황이었습니다.

그럼에도 불구하고 그 소방관은 다시 현장에 가서 공사가 정말 제대로 되었는지 확인하지 않은 자신을 자책합니다. 결국 그는 사건이 다 해결된 다음 사표를 쓰고 물러나려 했습니다. 사실 그렇게까지 하지 않아도 되는 상황이었고, 그보다 더 악한 일을 행하고도 뻔뻔스럽게 자리를 지키고 있는 사람들이 많음에도 스스로 변명하지 않고, 그 일에 책임을 지려 한 것입니다. 그때 그 사건을 담당했던 형사가 말합니다.

"사직하지 마세요. 이 도시는 당신과 같은 좋은 사람을 필요로 합니다."

"죄책감 때문입니다. 죄책감을 견디지 못하겠습니다."

"그러니까 더 남아 계셔야 합니다. 죄책감은 우리를 더 좋은 사람으로 만드니까요."

그 장면이 참 감동적이었습니다. 이렇듯 자신을 보며 용서가 필요한 죄인이라는 의식을 갖는 것은 나쁜 것이 아닙니다. 오히려 죄책감이 전혀 없는 사람이 무서운 사람이고, 위험한 사람입니다. 물론 잘못된 죄의식은 우리를 병들게 합니다. 하지만 우리를 하나님께로 인도하는 죄의식과 죄책감은 우리를 살리고 새롭게 만듭니다. 앤드류 머레이는 《겸손》에서 그러한 죄책감을 '은혜로써의 죄책감'이라고 불렀습니다.

> 9내가 지금 기뻐함은 너희로 근심하게 한 까닭이 아니요 도리어 너희가 근심함으로 회개에 이른 까닭이라 (중략) 10하나님의 뜻대로 하는 근심은 후회할 것이 없는 구원에 이르게 하는 회개를 이루는 것이요 세상 근심은 사망을 이루는 것이니라 **고후 7:9~10**

스스로를 돌아봅시다. 나는 과연 용서를 구하는 이 기도를 드리지 않아도 되는 사람일까요? 하나님께 용서받을 일이 전혀 없을까요? 우리는 지난 한 주 동안 온전히 정직했습니까? 누군가를 비난하고 정죄한 일이 단 한 번도 없습니까? 하나님의 말씀대로 살았습니까? 하나님께서 당신의 거룩하고 순결한 잣대를 우리에게 들이대신다면 당당할 수 있습니까?

어쩌면 날마다 아버지의 자비와 은혜 안에 살다 보니, 이 기도를 진실하게 드려야 할 필요성을 느끼지 못하게 되었을 수도 있습니다. 그래서 자신에 대해서는 너무나 자비롭고, 다른 사람에 대해서는 너무나 높은 잣대를 들이대며 살고 있을지도 모릅니다. 그러나 예수님은 다른 사람을 헤아리지 말고, 자기 자신을 헤아리라고 말씀하셨습니다.

> 2너희가 비판하는 그 비판으로 너희가 비판을 받을 것이요 너희가 헤아리는 그 헤아림으로 너희가 헤아림을 받을 것이니라 3어찌하여 형제의 눈 속에 있는 티는 보고 네 눈 속에 있는 들보는 깨닫지 못하느냐 **마 7:2~3**

먼저 자신을 돌아보아야 합니다. "아버지, 우리가 우리에게 죄지은 자를 용서해 준 것처럼 우리 죄를 용서해 주세요." 이 기도는 나에게 죄지은 자를 용서하는 것이 주님이 우리의 죄를 용서하시는 조건이나 자격이 된다는 말씀이 아니라, 하나님의 용서를 구하는 자는 나에게 죄지은 자를 용서하는 삶을 살아야 한다는 말씀입니다. 누군가를 판단하고 비난하기 전에, 나 자신이 죄 사함이 필요한 죄인임을 기억하라는 말씀이기도 합니다.

빚진 자의 심정으로

> 우리가 우리에게 죄 지은 자를 사하여 준 것 같이 우리 죄를 사하여 주시옵고 **마 6:12**

우리가 우리에게 죄 지은 모든 사람을 용서하오니 우리 죄도 사하여
주시옵고 우리를 시험에 들게 하지 마시옵소서 하라 눅 11:4

누가복음과 마태복음은 똑같이 이 가르침을 기록했지만
'죄'라는 단어를 달리 사용했습니다. 누가는 '하말티아'라는 단
어를 사용했습니다. 이는 '과녁을 빗나가다, 범죄하다'라는 의
미를 지니며 일반적인 죄를 지칭할 때 사용됩니다. 그래서 영
어 성경들도 'sin'이라는 단어로 번역했습니다.

그런데 마태는 '옵헤일레마'라는 단어를 사용합니다. 이는
'빚, 채무'라는 의미를 가지고 있습니다. 영어 성경들은 이 헬라
어 단어의 의미를 그대로 살리기 위해 'debts'라는 단어로 번역
했습니다. 마태에 의하면 이 기도는 "아버지, 다른 사람이 제게
진 빚을 탕감해 준 것처럼, 아버지도 제가 아버지께 진 빚을 탕
감해 주세요"라는 의미입니다.

죄를 빚으로 비유하는 것은 낯선 일이 아닙니다. 신약성경
은 우리가 죄를 지을 때 하나님과 채무 관계를 맺게 되는 것이
라고 말씀합니다. 즉 죄를 지을 때마다 우리는 하나님께 무엇
인가를 갚아야 하는 채무자가 된다는 것입니다.

빚은 참 무거운 짐입니다. 요즘은 가는 곳마다, 보는 것마다
돈을 빌려준다는 광고로 가득합니다. 문자로도 날아오고, 전화
로 친절히 안내해 주기도 합니다. 하지만 그것은 검은손과 같
습니다. 빚을 지고 나면 무거운 짐이 되고, 갚기 전까지 종노릇

해야 하며, 심지어 우리를 위협하기도 합니다. 이것은 구약 시대도 신약 시대도 마찬가지였습니다. 성경 시대 사람들에게도 부채는 현실적인 문제였습니다.

성경은 우리의 죄를 이 같은 빚에 비유합니다. 그 빚을 탕감해 주시는 하나님의 용서가 놀라운 은혜이며, 우리를 자유롭게 하는 구원임을 말씀합니다. 아버지의 용서를 통해 무거운 죄의 짐을 벗게 되고, 어두운 그늘에서 벗어난 자유자가 되기 때문입니다.

> 그러므로 형제들아 우리가 빚진 자로되 육신에게 져서 육신대로 살 것이 아니니라 **롬 8:12**

예수님은 자신의 생명을 죄의 값으로 지불하심으로, 우리의 빚을 탕감해 주셨습니다. 그러니 더 이상 죄의 종으로 살지 말라고 하십니다. 빚을 탕감받는 것, 이것은 참으로 놀라운 은혜입니다. 죄와 사망이라는 악덕 사채업자의 손에서 우리를 자유롭게 하신 것입니다.

그렇다면 우리가 하나님께 진 빚의 본질은 무엇일까요? 죄의 본질은 무엇일까요? 그것은 하나님의 법을 어긴 것입니다. 하나님을 의지하는 관계를 깨고, 하나님의 품을 떠나 독립해 나간 것이 죄의 본질입니다. 탕자의 비유는 이 사실을 이렇게 표현하고 있습니다.

11또 이르시되 어떤 사람에게 두 아들이 있는데 12그 둘째가 아버지에게 말하되 아버지여 재산 중에서 내게 돌아올 분깃을 내게 주소서 하는지라 아버지가 그 살림을 각각 나눠 주었더니 13그 후 며칠이 안 되어 둘째 아들이 재물을 다 모아 가지고 먼 나라에 가 거기서 허랑방탕하여 그 재산을 낭비하더니 눅 15:11~13

이것이 죄의 본질입니다. 아버지의 뜻을 거역하고, 아버지의 사랑을 거절하고, 아버지의 품을 떠나, 먼 나라로 가서 아버지께서 주신 재산을 허랑방탕 허비하며 사는 것, 그것이 죄입니다. 이것이 인간이 용서받아야 할 죄의 본질입니다.

창세기 3장을 보면 인간은 하나님의 사랑과 뜻을 의심하고, 자신의 욕심과 뜻을 따라 금지된 열매를 따 먹습니다. 나를 향한 하나님의 생각보다는, 나의 뜻과 생각이 더 지혜롭다고 생각했기 때문입니다. 창세기 11장을 보면 인간은 하나님의 뜻을 거역하고 자신들의 이름을 높이기 위해 하늘에 닿을 만한 높은 탑을 쌓습니다. 그 탑은 교만의 상징입니다.

인간은 그런 일을 계속 반복합니다. 문제는 그 결과가 좋지 않다는 사실입니다. 원하는 대로 하면 행복해야 하는데 그렇지 않다는 것입니다.

아버지의 재산을 미리 받아 독립을 선언했던 아들은 다시 아버지를 떠올립니다(눅 15:17). 다시 아버지께로 돌아옵니다. 아버지의 품을 떠난 곳에는 비참함과 절망만 있을 뿐 자신이 추구했던 행복과 기쁨이 없음을 뒤늦게 발견했기 때문입니다. 그것이 지혜입니다. 그런데 안타깝게도 이러한 죄의 역사는 반복됩니다. 성경은 그렇게 하나님을 떠나 독립을 선언한 인간이 매일 하나님의 진노를 쌓고 있다고 말씀합니다.

> 다만 네 고집과 회개하지 아니한 마음을 따라 진노의 날 곧 하나님의 의로우신 심판이 나타나는 그 날에 임할 진노를 네게 쌓는도다 **롬 2:5**

"저는 죄책감이 없어요. 저는 제가 죄인이라고 생각하지 않습니다." 이렇게 말하는 사람이 있을지도 모릅니다. 그러나 나의 느낌이나 판단이 중요한 것이 아닙니다. 모든 것을 판단하시는 분은 따로 있습니다. 하나님이십니다. 믿어지든 믿어지지 않든, 하나님은 존재하시며 우리의 삶을 판단하고 계십니다. 때가 되면 그 판결문을 낭독하실 것입니다.

만일 우리가 어떤 일에 연루되어 재판에 회부되었다면 자기 판단은 중요하지 않습니다. "내 생각에는 내가 무죄입니다"라는 말은 아무런 소용이 없습니다. 판사의 마지막 언도가 중요한 것입니다. 우리 인생의 재판관이신 하나님의 판결은 공정하고, 엄중합니다. 되돌릴 수도 없고 따질 수도 없습니다.

죄 사함을 위한 유일한 길

결국 죄인일 수밖에 없는 우리가 어떻게 다시 아버지께로 돌아갈 수 있을까요? 우리 같은 깨끗하지 못한 사람들이 어떻게 하나님 앞에 설 수 있을까요? 하나님의 죄 사함과 용서를 통해서입니다. 용서는 우리가 하나님 앞에 설 수 있는 유일한 길입니다. 그 길이 바로 십자가를 통해 열렸습니다. 그래서 십자가는 언제나 기독교 신앙의 중심에 서 있습니다.

누구나 쉽게 공감할 수 있는 윤리만을 가르친다면 기독교 신앙을 전하기는 더 쉬울지 모르겠습니다. "좋은 말이네. 납득이 되네. 교회에 가 볼 만하네"라고 생각할지도 모릅니다. 그러나 기독교는 너무나 무모하게도 모든 인간이 죄인이라고 선언합니다. 인간에게는 죄 사함이 필요하다고 말합니다. 그래서 십자가를 바라보고 십자가를 의지해야 한다고 외칩니다.

우리의 신앙에서 십자가를 빼면 안 될까요? 죄에 대한 이야기는 어떻게 좀 생략하면 안 되겠습니까? 그런데 그럴 수 없습니다. 그것이 우리 신앙의 핵심이기 때문입니다. 죽고 사는 문제가 바로 거기에 달려 있기 때문입니다. 그래서 구원의 길은 모든 사람에게 열려 있지만 좁은 길일 수밖에 없지 않을까 생각합니다. 십자가의 구원, 그 믿음의 길은 많은 사람이 걷는 넓은 길이 아니라 적은 사람이 걷는 좁은 길인 것입니다.

²²유대인은 표적을 구하고 헬라인은 지혜를 찾으나 ²³우리는 십자가
에 못 박힌 그리스도를 전하니 유대인에게는 거리끼는 것이요 이방
인에게는 미련한 것이로되 ²⁴오직 부르심을 받은 자들에게는 유대인
이나 헬라인이나 그리스도는 하나님의 능력이요 하나님의 지혜니라
고전 1:22~24

우리의 힘과 우리의 실력으로는 죄 문제를 해결할 수 없습
니다. 그 빚이 너무 크기 때문입니다. 스스로 해결하려면 우리
가 한없이 순결하든지 감당할 능력이 있어야 하는데, 우리는
그렇지 못합니다. 그래서 하나님이 직접 이 문제의 해결을 위
해 나서신 것입니다. 바로 십자가입니다. 우리는 하나님께서
열어 주신 구원의 길을 통해 죄의 종이 아니라 성령의 사람으
로, 율법에 매인 자가 아니라 진리 안에서 자유자로 살게 되는
것입니다.

이렇듯 십자가 위에서 우리의 모든 빚이 탕감되었음에도 불
구하고, 예수님은 죄 사함을 위해 기도하라고 가르치셨습니다.
이는 하나님과의 친밀한 교제를 위해서입니다. 날마다의 죄 씻
음과 용서함이 없이 친밀함의 회복은 불가능하기 때문입니다.
하나님과의 관계뿐 아니라, 인간관계 역시 마찬가지입니다. 죄
와 불편함이 끼어 있는 관계는 친밀할 수가 없습니다. 범죄한
이후 인간에게 어떤 변화가 생겼는지 기억하십니까?

그들이 그날 바람이 불 때 동산에 거니시는 여호와 하나님의 소리를
듣고 아담과 그의 아내가 여호와 하나님의 낯을 피하여 동산 나무 사
이에 숨은지라 **창 3:8**

범죄한 인간은 하나님을 피했습니다. 하나님이 불편해진
것입니다. 죄를 짓고 죄 사함을 받지 못한 사람의 마음에는 두
려움이 있습니다. 무엇인가 하나님께서 기뻐하시지 않는 것을
마음에 담고 있는 사람은 기도가 막히고, 평안을 잃어버립니
다. 나는 그렇지 않다고 자신할 수 있습니까? 어쩌면 그것은 더
위험한 일이고 내 영이 심각한 무감각 상황이라는 것을 보여
주는 것일지도 모릅니다. 그래서 우리와 친밀하게 교제하며 동
행하고 싶으신 하늘 아버지는 날마다 우리가 깨끗하게 씻음받
기를 원하시는 것입니다.

우리의 죄를 사하여 달라는 이 기도는 죄가 얼마나 심각한
것인지를 기억하게 해 줍니다. 또 우리에게 베푸신 죄 사함의
은혜가 얼마나 크고 놀라운 것인지를 기억하게 해 줍니다. 하
나님은 우리를 용서하고자 하십니다. 우리가 온몸과 발을 깨끗
이 씻은 자로, 죄의 얽매임과 권세로부터 자유로운 자로 살기
를 원하십니다. 그래서 이 기도를 가르치신 것입니다.

여호와께서 말씀하시되 오라 우리가 서로 변론하자 너희의 죄가 주
홍 같을지라도 눈과 같이 희어질 것이요 진홍 같이 붉을지라도 양털

같이 희게 되리라 **사 1:18**

누구나 한 번쯤 세제 광고를 본 적이 있을 것입니다. 먼저 온갖 오물로 옷을 더럽힙니다. 과연 저런 더러운 옷도 깨끗해질 수 있을까 싶을 정도로 더럽힙니다. 그런데 놀랍게도 그 세제를 넣고 세탁만 하면, 그렇게 더럽던 옷이 새것처럼 깨끗해집니다. 눈이 시원해지는 장면이지요. 예수님은 우리에게 그런 은혜를 구하여 누리라고 말씀하고 계신 것입니다.

죄 사함을 구하는 기도는 "나는 죄인입니다. 오늘도 나는 용서받을 일을 저지를 수밖에 없는 연약한 자입니다"라고 인정하는 고백입니다. 이 고백을 하는 사람에게 죄 사함의 은혜가 허락됩니다. 그뿐만 아니라 새로운 삶을 살 수 있는 은혜와 능력이 부어집니다.

그러므로 이 기도는 날마다 실패를 반복하는 실패자의 기도가 아닙니다. 매일 이렇게 기도하는 사람은 어제보다는 오늘, 오늘보다는 내일 더욱더 은혜 안에 살게 되고, 믿음 안에 살게 될 것입니다. 부디 이 기도의 의미가 새롭게 다가오기를 바랍니다. 오늘부터 이 기도가 새로운 차원에서 다시 시작되기를 바랍니다. 거기에 우리 인생의 참된 만족과 기쁨이 있습니다.

Chapter 8

우리가 우리에게
죄 지은 자를
사하여 준 것 같이(2)

우리가 우리에게 죄 지은 자를 사하여 준 것 같이

우리 죄를 사하여 주시옵고

마 6:12

"우리 죄를 사하여 주시옵고" 이 기도는 우리가 날마다 죄 사함의 은혜를 필요로 하는 존재라는 사실을 상기시켜 줍니다. 그래서 썩 기분이 좋지 않을 수도 있습니다. '죄'라는 단어가 반복되기 때문입니다. 현대인들에게 죄는 금기어에 가깝습니다. 이 말을 하는 것도 듣는 것도 싫어합니다.

그러나 예수님이 우리에게 이 기도를 가르치신 이유는 정죄하거나 죄책감을 주기 위해서가 아닙니다. 오히려 죄로부터 우리를 보호하고 죄에서 자유롭게 하려고 가르쳐 주셨습니다. 크신 은혜와 사랑으로 이미 하나님 자녀가 되었음에도, 우리는 여전히 세상의 욕심과 여러 가지 죄악으로부터 자유롭지 못하기에 친히 가르치신 것입니다.

이미 말씀드린 것처럼 이 기도는 고백이기도 합니다. 래리 크레이더는 《친밀한 기도》에서 헬라어 '고백'(약 5:16)에는 "하나님께서 어떤 일을 바라보는 관점에 나도 동의한다"라는 의미가 담겨 있다고 말합니다. 그렇다면 우리가 죄를 고백하고 죄 사함의 은혜를 구한다는 것은 하나님께서 죄로 여기는 것을 나도 죄로 여긴다는 의미일 것입니다.

이를 뒤집어 생각해 보면, 죄에 대해 고백을 하지 않는다는 것은 하나님께서 죄로 여기시는 것을 나는 죄로 여기지 않는다는 의미가 될 것입니다. 곧 하나님께서 기뻐하지 않으시고, 악하게 여기시는 생각과 말과 행동들을 나는 아무렇지 않게 여긴다는 의미입니다. 따라서 하나님 앞에 죄를 고백하는 것은 굉장히 중요합니다. 우리는 스스로 고백해야 할 때 고백하는 사람인지, 아니면 회피하는 사람인지 돌아볼 필요가 있습니다.

고백은 시인하는 것이며, 인정하는 것입니다. 이는 굉장히 중요한 행위입니다. 하나님 앞에서 고백된 죄는 더 이상 힘을 쓰지 못하기 때문입니다. 다윗의 죄는 다윗을 괴롭혔을 뿐 아니라 눈을 어둡게 만들었습니다. 그러나 그가 하나님 앞에서 죄를 시인한 순간 죄는 힘을 잃어버렸습니다. 물론 죄로 인한 벌이 따랐지만, 죄의 고백은 사단의 손에 들린 '정죄'라는 강력한 무기를 빼앗아 버렸습니다. 어떻습니까? 혼이 나고, 부끄럽더라도 영원한 자유함을 얻는 것이 더 좋지 않습니까? 스토미 오마리안 (Stomie Omarian)은 《영혼이 자라는 기도》에서 이렇게 말합니다.

고백하지 않은 죄가 있다면 마귀는 당신의 마음속 어디라도 낚싯바늘을 던진다. 같은 죄를 반복해서 저지른다고 해서 그것이 고백하지 않는 핑계가 될 수는 없다. 만약 당신이 진심으로 죄의 속박에서 벗어나고 싶다면 당신의 삶을 주님께 완전히 보여 드려야 한다. 고백은 당신의 삶을, 당신의 모든 죄를 아버지께 낱낱이 보여 드리는 것이다.

우리는 죄인이다

하나님이 우리에게 죄 고백을 요구하시는 이유는 우리에게 용서받아야 할 죄가 있기 때문입니다. 죄의 고백을 통해 우리를 깨끗하고 자유롭게 하시기 위해서입니다.

> 8만일 우리가 죄가 없다고 말하면 스스로 속이고 또 진리가 우리 속에 있지 아니할 것이요 9만일 우리가 우리 죄를 자백하면 그는 미쁘시고 의로우사 우리 죄를 사하시며 우리를 모든 불의에서 깨끗하게 하실 것이요 **요일 1:8~9**

사단은 우리의 죄를 드러내어 비난하고 정죄하지만, 우리를 치유하고 새롭게 할 마음은 전혀 없습니다. 하나님은 그 과정이 아프더라도 우리를 죄에서 돌이켜 치유하고 새롭게 하기를 원하십니다. 우리는 사단의 소리가 아니라 하나님의 말씀을 듣고 하나님 앞에 나의 죄와 허물을 고백해야 합니다.

여기서 놓치지 말아야 할 것이 '우리'라는 표현입니다. 거듭 강조하지만 주기도문은 기독교의 공동체성을 담고 있는 기도입니다. 이 죄 사함의 기도가 공동체적이라는 사실은 신앙적 의미를 더욱 풍성하게 만듭니다. 12절을 다시 읽어 봅시다.

> 우리가 우리에게 죄 지은 자를 사하여 준 것 같이 우리 죄를 사하여 주시옵고 **마 6:12**

온통 '우리'라는 단어로 도배가 되어 있습니다. 무슨 의미일까요? 그리스도인은 공동체와 다른 지체들의 죄 짐을 함께 지는 사람이라는 의미입니다. 그리스도인은 누군가를 정죄하거나 손가락질하며 비난하는 자가 아닙니다. 도리어 나의 죄뿐만 아니라 우리의 죄, 공동체의 허물까지 아파하며 대신 회개하는 자입니다. 혹자는 이런 의문이 들 수도 있습니다.

"아니 목사님, 내 잘못도 아닌데 왜 다른 사람의 죄까지 내가 아파해야 하나요? 왜 공동체의 죄까지 뒤집어써야 하나요? 왜 내 죄를 용서해 달라고 기도하는 것이 아니라 우리의 죄를 사하여 달라고 기도해야 하나요?"

우리가 그리스도인이기 때문입니다. 그리스도께서 십자가에 달려 죽으심으로 우리를 자녀 삼으셨기 때문입니다. 이제 우리는 하나님 나라의 백성입니다. 정죄하고 비판하는 것이야 누구나 할 수 있는 일입니다. 이미 모든 사람이 아주 잘하고 있습니다. 우리까지 그럴 필요는 없습니다. 우리는 우리가 해야 할 일, 서로의 짐을 대신 지고 서로를 위해 기도하는 일을 해야 합니다.

'우리'의 죄 사함을 위해 기도하는 것은 아무나 할 수 있는 일이 아닙니다. 예수님이 주기도문을 어떻게 시작하셨나요? "그러므로 너희는 이렇게 기도하라" 모두가 아니라 '너희'입니다. 예수님을 따르는 우리는 기도가 달라야 한다는 것입니다. 하나님을 믿지 않는 사람들은 그저 자신의 세상적 필요만을 위해 기도해도 됩니다. 조금 더 영적인 사람이라면 자신의 죄 사함과 영적인 필요를 위해 기도할 수도 있을 것입니다. 그러나 하나님 나라의 백성은 우리의 죄를 사하여 주시기를, 이 시대의 죄를 사하여 주시기를 기도해야 합니다. 왜 그렇게 기도해야 할까요? 왜 다른 이의 죄까지 회개하고, 중보하고, 아파해야 할까요?

첫 번째 이유는 나에게는 보이지만, 죄를 범한 사람 자신은 그 죄를 보지 못할 수 있기 때문입니다. 누군가의 죄와 허물이 보인다면 그때는 먼저 정죄하거나 비난하는 것이 아니라 기도해야 할 때입니다.

구약 시대 선지자들이 이스라엘의 죄를 지적하고 회개를 선포할 때, 자신의 죄를 깨닫고 아파하던 사람이 많지 않았습니다. 심지어 '평안하다 평안하다' 하는 사람들도 적지 않았습니다. 때문에 선지자는 백성을 대신하여 울어야 했고, 아파해야 했습니다. 마찬가지입니다. 우리 중 먼저 보고, 깨닫는 사람이 기도해 주어야 합니다. 나의 죄 사함을 넘어 우리의 죄 사함을 위해 기도해야 합니다.

두 번째 이유는 우리가 지체를 사랑하고 주님의 공동체인 교회를 사랑하기 때문입니다. 그래서 죄를 보고 죄를 느낄 때 너무 마음이 아파서 기도할 수밖에 없는 것입니다. 누군가가 잘못된 길로 가는 것을 보면서도 기도하지 않는다면, 그를 사랑하지 않는 것입니다. 사랑한다면 아파야 합니다. 아프면 기도하게 됩니다.

만약 자녀가 잘못된 길로 간다면, 죄를 짓고 끝이 뻔히 보이는 낭떠러지로 간다면 그것을 보고 뒤에서 손가락질하거나 비난하기만 하는 부모가 있을까요? 아마도 가슴을 찢으며 눈물로 하늘 아버지께 매달릴 것입니다. "내 자식 살려 주세요!" 그러지 않겠습니까?

새벽기도에 빠지지 않는 한 성도가 있었습니다. 그는 젊은 날 방탕하게 살았습니다. 그럼에도 그의 어머니는 매일 새벽에 눈물로 그를 위해 기도하셨지요. 새벽기도를 다녀오면 어머니는 잠든 아들 머리에 손을 얹고 기도하셨는데, 겨울이면 그 차가운 느낌이 참 싫었답니다. 그런데 세월이 지나고 보니 그 기도가 그를 살렸습니다. 그도 예수님 믿고 변화되어 어머니처럼 기도의 사람이 되었습니다. 왜 우리의 죄 사함을 위해 기도해야 합니까? 아들을 사랑했던 어머니처럼 누군가를 사랑하기 때문입니다.

세 번째 이유는 하나님께서 우리의 기도를 들으시고, 이 땅을 고치실 수 있음을 믿기 때문입니다.

13혹 내가 하늘을 닫고 비를 내리지 아니하거나 혹 메뚜기들에게 토산을 먹게 하거나 혹 전염병이 내 백성 가운데에 유행하게 할 때에 14

내 이름으로 일컫는 내 백성이 그들의 악한 길에서 떠나 스스로 낮추고 기도하여 내 얼굴을 찾으면 내가 하늘에서 듣고 그들의 죄를 사하고 그들의 땅을 고칠지라 **대하 7:13~14**

이런 말씀을 듣고 회개기도를 드리는 사람들이 죄악을 저지른 당사자일 수도 있습니다. "그렇구나, 내 죄로구나. 내가 잘못한 것이로구나." 이렇게 자신의 죄와 허물을 깨달아 죄 사함의 은혜를 구하는 것일 수도 있습니다. 그렇다면 참으로 귀한 일입니다.

그러나 오랜 시간 목회하며 쌓인 경험에 의하면 하나님의 뜻을 깨닫고, 죄 사함의 은혜를 절실히 느끼는 사람들은 대부분 잘못을 저지른 당사자가 아니라 하나님 앞에 깨어 있는 사람들인 경우가 많았습니다. 하나님 앞에서 깨어 있는 성숙한 사람들이 먼저 아버지의 마음과 뜻을 헤아리기 때문입니다. 정작 회개해야 할 사람들은 양심이 무디어져 있었습니다.

그렇다면 누가 이런 기도를 드려야 하겠습니까? 바로 '우리'입니다. 오늘 누구의, 어떤 죄를 보았습니까? 주님의 도우심과 은혜가 절실하다는 영적 부담이 느껴지십니까? 기도하라는 뜻입니다. 다른 사람의 죄를 지고, 공동체와 나라와 민족의 죄를 아파하며 기도하라는 사명이 주어진 것입니다. 그때 순종하기를 바랍니다. 기도의 자리를 찾아야 합니다.

우리가 기도할 때, 하나님께서 우리 죄를 사하십니다. 이 땅을 고쳐 주십니다. 그렇게 약속하셨습니다. 그러므로 우리는 지체를 위해, 공동체를 위해, 이 땅을 위해 대신 기도해야 합니다. 우리의 기도를 통해 하나님께서 이 땅을 고치시는 놀라운 역사를 경험하게 될 것입니다. 믿고 기도하는 우리 모두에게 그러한 역사가 일어날 것입니다.

십자가가 먼저다

그런데 이 기도에는 참으로 난감하고 어려운 부분이 있습니다. 바로 "우리가 우리에게 죄 지은 자를 사하여 준 것 같이"라는 부분입니다. 심지어 주기도문 다음에는 곧바로 이런 말씀이 이어집니다.

> 14너희가 사람의 잘못을 용서하면 너희 하늘 아버지께서도 너희 잘못을 용서하시려니와 15너희가 사람의 잘못을 용서하지 아니하면 너희 아버지께서도 너희 잘못을 용서하지 아니하시리라 마 6:14~15

죄 사함의 은혜는 조건적인 것일까요? 내가 누군가의 죄를 용서해야만 나도 하나님의 용서를 기대할 수 있는 것일까요?

그렇지 않습니다. 이렇게 기도해야 하는 이유가 먼저 용서함으로 하나님에 대한 우리의 믿음을 증명해야 하기 때문은 아닙니다. '네가 하는 것을 보면서 나도 어떻게 할지를 결정하겠다'는 말씀일 리 없습니다. 하나님이 먼저 우리를 용서하셨기 때문입니다. 그 용서를 경험하지 못하면 우리도 다른 사람을 용서할 수 없습니다.

우리에게는 누군가를 용서할 힘과 실력이 없습니다. 용서는 하나님께 속한 일이지 우리 같은 연약한 인간, 심지어는 죄의 영향력으로 더럽혀진 우리가 할 수 있는 일이 아닙니다. 그러므로 예수님이 "네가 형제를 용서해야 너도 하나님께 용서받을 수 있다"라고 말씀하셨을 리가 없습니다. 애초에 불가능한 일이니까요.

저는 예수님이 '우리 자신을 위해' 이렇게 가르치셨다고 생각합니다. 또한 하늘 아버지께서 우리가 서로를 사랑하고 용서하는 것을 얼마나 중요하게, 얼마나 진지하게 생각하시는지를 엄중히 교훈하고 계신다고 생각합니다.

왜 이렇게 기도해야 합니까? 용서하지 못한 자는 용서를 구하지 않기 때문입니다. 누군가를 정죄하고 비난하고 원한의 불을 품고 있는 자의 마음에는 하나님의 용서를 받아들일 빈 공간이 없기 때문입니다. 그래서 하늘 아버지께서 이미 죄 사함의 은혜를 베푸셨지만, 우리가 날마다 그 은혜를 체험하고 누리며 살기 위해서는 우리 역시 형제를 용서하는 삶을 살아야 한다고 말씀하고 계시는 것입니다.

생각해 보세요. 우리의 용서와 하나님의 용서가 어떻게 비교될 수 있습니까? 만약 우리가 다른 사람을 용서하는 만큼만 하나님께서 우리를 용서해 주신다면 그것은 정말 큰일이 아닙니까? 용서의 깊이와 정도는 어떻습니까? 하나님의 용서는 무조건적이지만, 인간의 용서는 조건적입니다. 횟수도 비교가 되지 않습니다.

> 21그 때에 베드로가 나아와 이르되 주여 형제가 내게 죄를 범하면 몇 번이나 용서하여 주리이까 일곱 번까지 하오리이까 22예수께서 이르시되 네게 이르노니 일곱 번뿐 아니라 일곱 번을 일흔 번까지라도 할지니라 **마 18:21~22**

이 말씀은 '용서하는 사람이 되라'는 명령이기도 하지만, 깊이 보면 하나님께서 우리를 이렇게 대하셨다는 말씀입니다. 하나님은 수없이 우리를 용서하시고, 참아 주시고 우리의 죄를 간과해 주셨습니다. 하지만 우리는 그만큼 다른 사람에 대해 너그럽지 않습니다. 그럴 수 없습니다. 모든 면에서 우리의 용서와 하나님의 용서는 비교될 수 없습니다. 따라서 우리의 용서가 하나님이 우리를 용서하시는 근거나 자격이 될 수는 없습니다.

그렇다면 이 기도를 어떻게 이해해야 할까요? 먼저 우리 자신이 이미 십자가의 공로로 용서받은 하나님의 자녀라는 사실을 기억해야 합니다. 이 기도는 이미 십자가를 전제로 하고 있습니다. 우리가 받은 은혜, 죄 용서로 말미암은 해방이 전제되어 있습니다. 그러한 전제 없이 우리가 다른 이를 용서해야 우리도 용서를 받는다고 말씀하신 것이 아닙니다. 따라서 "우리가 우리에게 죄 지은 자를 사하여 준 것 같이"라는 기도에는 최소한 두 가지 의미가 담겨 있습니다.

첫째, 나도 형제를 용서해야 한다는 부담을 품어야 합니다. 하나님의 헤아릴 수 없는 사랑과 은혜를 입은 자로서 그런 부담을 가지는 것은 마땅합니다. 이것은 하나님께서 우리를 용서하시는 데 필요한 조건이 아니라, 용서받은 자로써 자연스레 나타날 하나님의 말씀에 대한 순종과 충성에 대해 강조하시는 것입니다.

둘째, 용서할 줄 아는 사람으로 우리를 변화시킬 것이라는 하나님 의지의 표현입니다. 이것은 하나님께서 우리에게 기대하시는 변화된 삶의 모습이며, 하나님께서 우리 안에 일으키실 변화에 대한 말씀입니다. "나는 너를 이런 존재로 만들겠다"라는 선언인 것입니다. 우리가 하나님 안에 있다면 반드시 그렇게 하십니다.

우리는 예수님의 십자가의 죽음과 부활의 놀라운 승리를 세상에 보여 주고 증거해야 할 사명을 가진 사람들입니다. 예수님은 그 사명을 이루는 중요한 방법으로써 우리가 행하는 '용서'를 말씀하십니다. 죄 사함의 은혜를 먼저 입은 우리가 형제를 용서함으로써 하나님의 나라를 이 세상에 증거할 수 있다는 의미입니다. 하나님의 용서하심을 세상에 보여 주는 방법은 우리가 다른 형제자매를 용서하는 것이라는 말씀입니다.

톰 라이트는 거기에 덧붙여 이 기도가 단순한 용서를 넘어선, 모든 형제자매와 더불어 사랑하고 화평하며 화목하게 살겠다는 '헌신의 기도'라고 말했습니다. 우리는 이 기도를 드릴 때마다 누군가의 이름을 떠올려야 합니다. 구체적인 얼굴을 그려야 합니다. 내가 화해해야 할 누군가를 생각해야 합니다. 그를 마음으로 용서하고, 또 그에게 용서받아야 합니다. 나는 지체들과 화목한지, 화평한지를 물어야 합니다. 아버지께서 그걸 원하시기 때문입니다.

이 기도에서 우리가 받은 은혜와 우리가 살아야 할 삶은 만나게 됩니다. 하나님과 우리 사이에서 이루어진 일은 우리와 다른 사람과의 관계로 확장될 수밖에 없기 때문입니다. 기도와 삶은 다를 수 없습니다. 용서를 구하는 자는 용서하는 삶을 살게 되는 것입니다.

예수님은 복음을 전하실 때마다 죄를 용서받은 백성으로서 어떻게 살아야 할지를 가르치셨습니다. 간음한 여인도, 세리 삭개오도, 박해자 바울도 모두 용서받을 수 있었습니다. 그리고 그 뒤에는 언제나 "새로운 삶을 살아야 한다. 예전처럼 살지 마라"라고 말씀하셨습니다. 주기도문도 동일한 맥락이라고 생각됩니다.

용서를 행하라

형제를 용서한다는 것은 어떤 것일까요? 마태복음 4장 22절을 보면, 예수님이 야고보와 요한에게 나를 따르라 하실 때 그들은 모든 것을 버리고 예수님을 좇았습니다. 그때 '버린다'로 번역된 헬라어 '압히에미'는 주기도문의 '사하여 주다'와 같은 단어입니다. 이 단어에는 '용서하다, 버리다, 면제하다' 등의 의미도 담겨 있습니다. 그렇습니다. 용서란 형제의 잘못을 내게서 떠나보내는 것입니다. 버리고 기억하지 않는 것입니다.

물론 용서가 쉬운 일은 아닙니다. 나를 많이 아프게 하고, 많이 힘들게 한 사람을 용서하는 것은 더 어려운 일입니다. 그때의 기억이 자꾸만 떠오를 것입니다. 잊고 살다가도 얼굴을 보면 다시 떠오릅니다. 용서는커녕 분노가 치밀어 오르기도 합니다.

그래서 누군가를 용서하기 위해서는 먼저 우리 자신의 치유가 필요합니다. 우리의 상처가 먼저 아물어야 합니다. 우리의 상처가 아물고 치유가 되면 넉넉해지고 여유가 생깁니다. 그제야 비로소 누군가를 품을 수 있고 용서할 수 있는 것입니다.

하나님께 감사드립니다. 하나님은 먼저 우리에게 은혜를 베푸신 후에 우리도 용서하는 사람이 되기를 바라시기 때문입니다. 주기도문은 마치 우리가 누군가를 용서할 테니, 하나님도 우리를 용서해 달라고 기도하는 것 같지만, 사실 예수님이 우리에게 이런 기도를 요청하실 수 있는 이유는 아버지가 이미 우리를 용서하셨기 때문입니다.

> 우리가 아직 죄인 되었을 때에 그리스도께서 우리를 위하여 죽으심
> 으로 하나님께서 우리에 대한 자기의 사랑을 확증하셨느니라 롬 5:8

하나님의 용서는 이미 이루어진 일입니다. 이 죄 사함의 은혜는 아무런 희생이 없이, 값싸게 공짜로 주어진 것이 아닙니다. 예수님은 하늘 보좌에서 누릴 것 다 누리시면서 말로만 죄 사함을 선언하신 것이 아닙니다. 몸소 이 땅에 오셨고, 우리와 함께 사셨고, 우리를 위해 저주받은 십자가에서 죽으셨습니다. 그 은혜와 사랑을 아는 사람은 자신도 아버지를 닮고 싶다는 소원을 갖게 됩니다. 사랑의 사람, 용서의 사람이 되기를 소원하게 됩니다. 자신이 그리 살지 못하면 아파하게 됩니다.

다시 말하지만 용서는 어렵습니다. 어떤 사람은 반복해서 용서해야 합니다. 어제도 용서할 일을 했는데, 오늘 또 용서해야 할 일을 하기 때문입니다. 가족 간에, 가까운 사이일수록 더 많습니다. 게다가 우리는 나에게 죄를 지은 사람을 용서하기는 커녕, 나와 다른 스타일의 사람조차 쉽게 품지 못하는 실력 부족의 사람들입니다. 그러나 이것이 피할 수 없는 우리의 사명이고 그리스도인의 마땅한 도리라면 우리는 이렇게 살아갈 수 있는 은혜와 능력을 구해야 합니다. 그래서 이렇게 기도해야 합니다.

"아버지, 제힘으로 못 합니다. 용서할 수 있는 은혜를 주세요. 사랑하고 이해하고 품어 낼 수 있는 힘을 주세요."

우리가 이렇게 기도해야 하는 또 다른 이유는, 하나님은 우리가 영적으로 힘 있게 살아가고 우리의 기도가 힘 있는 기도가 되기를 바라시기 때문입니다. 기도에 있어서 가장 중요한 것은 나와 하나님의 관계입니다. 그러나 그만큼 사람과의 관계 역시 우리의 기도에 영향을 미칩니다. 특히 가장 가까운 사람과의 관계는 우리 기도에 더욱 영향을 끼칩니다. 성경은 이렇게 교훈합니다.

> 할 수 있거든 너희로서는 모든 사람과 더불어 화목하라 **롬 12:18**
> 남편들아 이와 같이 지식을 따라 너희 아내와 동거하고 그를 더 연약한 그릇이요 또 생명의 은혜를 함께 이어받을 자로 알아 귀히 여기라 이는 너희 기도가 막히지 아니하게 하려 함이라 **벧전 3:7**
> 서서 기도할 때에 아무에게나 혐의가 있거든 용서하라 그리하여야 하늘에 계신 너희 아버지께서도 너희 허물을 사하여 주시리라 하시니라 **막 11:25**

왜 이런 요구를 하실까요? 화해, 용서, 사랑, 하나 됨은 우리의 기도를 열어 주고 힘 있게 만들어 주기 때문입니다. 용서하지 못하는 마음, 분노와 다툼, 깨어진 관계는 우리의 기도를 방해하기 때문입니다. 주기도문이 담겨 있는 산상수훈에는 예수님의 이런 교훈도 있습니다.

> 23그러므로 예물을 제단에 드리려다가 거기서 네 형제에게 원망들을
> 만한 일이 있는 것이 생각나거든 24예물을 제단 앞에 두고 먼저 가서
> 형제와 화목하고 그 후에 와서 예물을 드리라 **마 5:23~24**

아버지께서 우리에게 무엇을 기대하시는지 이해가 됩니까? 아버지의 뜻을 발견하기가 어렵습니까? 사실 너무나 분명합니다. 형제를 사랑하고 섬기는 것입니다. 형제를 용서하는 것입니다. 그를 위해 대신 기도해 주는 것입니다. 그것이 "우리가 우리에게 죄 지은 자를 사하여 준 것 같이 우리 죄를 사하여 주시옵고"라는 기도에 담긴 아버지의 뜻입니다.

이 기도는 죄 사함의 은혜를 입은 하나님 나라의 백성으로서 어떻게 살아야 하는지를 가르쳐 줍니다. 하나님으로부터 받은 죄 사함의 은혜가 사람과의 관계에도 흘러가기를 원하십니다. 때문에 용서를 구하는 기도에 용서를 행하는 일도 함께 담아 두셨습니다.

어떻게 용서할까

우리가 해야 할 용서, 하나님이 우리에게 원하시는 용서가

어떤 것인지 곰곰이 생각해 보았습니다. 그러자 이런 생각이 들었습니다.

하나, 용서는 나와 다른 사람을 해방하는 것입니다. 용서하지 않으면 늘 매여 있게 됩니다. 누군가를 미워하고 분을 품으면 나도 그 사람도 매이고 묶인 삶을 살게 됩니다. 그러므로 용서를 통해 해방되고 자유를 누려야 합니다(롬 6:22).

둘, 용서는 모든 것을 하나님께 맡기는 것입니다. 용서는 하나님께서 나에게 주신 은혜를 기억하는 행위이며, 하나님께 모든 권한을 맡기는 행위입니다. 다윗은 사울 왕을 그렇게 대했습니다. 그는 무척 억울한 일을 당했지만 자기 결백은 하나님이 증명하신다고 믿었기에 스스로 원수를 갚지 않았습니다. 요셉도 형제들을 그렇게 대했습니다. 그는 하나님의 섭리를 이해했기에 자신을 팔아넘긴 형제들을 용서했습니다. 이들은 모두 용서의 사람이었습니다. 이처럼 우리도 하나님께 모든 것을 맡기고 용서할 수 있는 자리에 이르기를 원합니다(딤후 4:16).

셋, 용서는 과거를 들먹이지 않는 것입니다. 용서하고 잊어야 한다는 말입니다. 하나님은 우리의 죄악을 밟으시고 깊은 바다에 던지십니다. 다시는 꺼내지 않으시고 기억하지 않으십니다. 통이 크고 멋진 하나님이십니다. 우리도 그런 용서를 배우고 닮아야 합니다. 용서했다면서 다시 들추어내고, 들먹이는 것은 참된 용서가 아닙니다(미 7:18~19).

넷, 용서는 새로운 삶을 기대하는 것입니다. 우리가 누군가를 용서하는 것과 범죄한 그가 하나님 앞에서 죄를 인정하고 회개하는 것은 별개의 문제입니다. 용서는 그에게 회개와 새 삶의 기회를 줄 뿐입니다. 우리는 '용서하고 나니 홀가분해'라고 말하는 것이 아니라, 그가 자신의 죄를 깨닫고 회개하고 새 사람 되기를 기도해야 합니다. 그가 하나님의 긍휼을 입어 새 사람이 되기를 기대하는 것입니다. 그것이 용서의 진정한 완성입니다(요 8:10~11).

다섯, 용서는 하기도 하지만 받기도 해야 하는 것입니다. 우리는 누군가를 용서할 뿐 아니라 누군가에게 용서를 구해야 합니다. 누군가를 용서하는 일에만 초점을 두어서는 안 됩니다. 우리 역시 연약한 인간입니다. 날마다 죄를 지으며 살기에 하나님의 용서를 구해야 하고, 사람에게 용서를 구해야 합니다. 매일 죄 사함의 은혜 안에 거해야 합니다(시 39:4).

이렇듯 용서란 사람에게 속한 땅의 일이 아니라, 하나님께 속한 하늘의 일입니다. 하나님은 우리를 하늘의 일에 초대하고 계신 것입니다. 그래서 이 기도는 부담이면서도 영광입니다. "용서는 힘들어. 왜 이렇게 어려운 일을 하라고 하시지"가 아니라 "와! 이 귀한 일에 초대해 주시다니 영광입니다"라고 생각해야 합니다. 하나님의 위대한 초대에 응답하길 바랍니다. 바로 오늘부터, 주기도문을 통하여 그 영광스러운 하늘의 일을 함께 일구어 가기를 소망합니다.

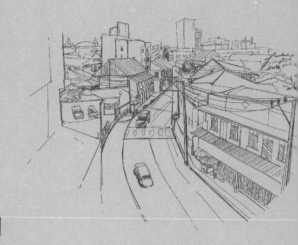

Chapter 9

우리를 시험에 들게
하지 마시옵고

우리를 시험에 들게 하지 마시옵고 다만 악에서 구하시옵소서
(나라와 권세와 영광이 아버지께 영원히 있사옵나이다 아멘)

마 6:13

벌써 주기도문의 후반부로 접어들고 있습니다. 앞서 묵상 했던 기도들이 무엇인가를 적극적으로 구하는 기도였다면, 이 제부터 묵상하는 두 기도는 무엇인가를 막아 달라는, 어찌 보면 좀 소극적인 기도처럼 느껴집니다. 그러나 이 기도 역시 적 극적이며 강력한 기도입니다. 날마다 이 기도를 드리는 자와 드리지 않는 자의 삶은 전혀 다른 모습일 것입니다.

인생의 지뢰밭 가운데

이 기도는 주기도문의 마지막 청원입니다. 마지막 두 기도 를 하나로 묶어서 다루는 학자도 적지 않습니다. 같은 것을 다 른 표현으로 반복해서 구하고 있다고 이해하기 때문입니다. 그 래서 주기도문은 여섯 개의 기도로 구성되어 있다고 설명되기 도 하고, 일곱 개의 기도로 구성되어 있다고 설명되기도 합니 다. 제임스 패커는 《주기도문》에서 이 두 기도를 이렇게 풀어 썼습니다.

아버지여! 이 땅에서의 삶은 지뢰밭이며, 우리는 그 위험 한가운데에 서 살아갑니다. 때문에 우리는 우리 자신을 의지하지 않사오니, 아버 지여 우리를 안전하게 지켜 주옵소서.

삶을 '지뢰밭'이라고 표현한 것이 크게 와닿습니다. 땅 아래에 보이지 않게 묻혀 있는 지뢰는 매우 위협적인 무기입니다. 눈에 보이지 않기에, 어느 곳이 밟아도 안전한 곳인지 알 수 없습니다. 그의 기도처럼 우리의 인생길이 지뢰밭 같다면, 우리는 이 기도를 드릴 수밖에 없습니다. 어디에 어떤 지뢰가 묻혀 있는지를 아는 영적인 혜안이 우리에게는 없기 때문입니다.

때로는 아무 생각 없이, 때로는 안전한 길이라 확신하고, 이곳저곳을 밟으며 살아가다 보면 사단이 묻어 놓은 지뢰를 밟고, 상처를 입고, 피를 흘리고, 큰 아픔을 당할 수 있습니다. 그런 인생을 향해 예수님은 이렇게 기도하라고 가르치십니다. "우리를 시험에 들게 하지 마시옵고 다만 악에서 구하시옵소서" 이 땅을 살아가는 사랑하는 자녀들에게 꼭 필요한 기도인 것입니다.

먼저 "우리를 시험에 들게 하지 마시옵고"라는 기도에 대해 함께 묵상해 보고자 합니다. 왜 우리는 시험에 들지 않기를 기도해야 합니까? 바로 시험이 무서운 것이기 때문입니다. 유혹에 걸려들어 넘어지게 되면 그 결과가 너무도 치명적이기 때문입니다.

이 땅은 온갖 시험투성이입니다. 우리는 날마다 시험에 들 위험을 안고 살아갑니다. 구원받은 하나님 나라의 백성임에도 불구하고, 우리는 너무도 쉽게 시험에 들게 됩니다. 우리에게는 모든 시험을 가볍게 이겨 낼 만한 충분한 실력이 없습니다. 날마다 죄 사함의 은혜를 구해야 하듯이, 날마다 시험에 들지 않도록 기도할 수밖에는 없습니다.

이러한 현실이 심각하게 여겨지지 않는 사람에게는 이 기도가 그다지 와닿지 않을지도 모릅니다. 지금 나에게 아무런 시험이 없고 평안한 상황이라면 더욱 그럴 것입니다. 그래서 "아버지! 시험에 들지 않도록 오늘도 저를 지켜 주세요"라고 진지하게 기도하지 않는 사람이 더 많습니다. 혹독한 시험을 경험해 보지 않았거나, 경험했다 할지라도 쉽게 잊어버리는 까닭입니다. 어떤 일이 벌어지고 있는지 모르기 때문입니다.

오래전 이 기도에 〈하나님 나라 백성의 영적 전투를 위한 기도〉라는 제목을 붙인 설교를 들은 기억이 있습니다. 남북 분단이라는 현실 속에 사는 우리는 종종 준전시(準戰時) 상황을 맞이하곤 합니다. 과거에는 남과 북이 당장이라도 군사적 행동을 할 수 있도록 무기들을 전진 배치하고, 전역을 앞둔 장병들은 전역을 미루는 일도 있었습니다.

2015년에는 북한 잠수정 중 약 70%가 사라지는 일이 있었는데, 어디로 갔는지 알 수 없다는 속보가 전해지기도 했습니다. 북한이 남한을 불바다로 만들겠다고 선언할 때마다 해외에서는 금방 무슨 일이 일어날 거라 여기며 잔뜩 긴장합니다. 그런데 놀랍게도 한국은 평온하며 국민들은 일상을 유지합니다. 생필품 사재기 현상도 일어나지 않습니다.

이민 간지 30여 년 만에, 하던 일에서 은퇴하고 한국을 방문한 분이 있었습니다. 당시 주변 사람들이 '한국은 전쟁의 위험이 있으니 가지 말라'고 했다고 합니다. 그래서 꽤 긴장하며 비행기에 올랐는데, 막상 와 보니 한국 사람들은 너무도 평온하게 일상을 살고 있어 놀랐다고 합니다. 밖에서 보는 것과 안의 상황이 너무 달랐기 때문입니다.

이것은 국민들의 의식이 성숙해졌기 때문이지만, 한편으로는 양치기 소년처럼 거짓을 일삼았던 북한의 경고를 더 이상 믿지 않기 때문이기도 합니다. "지금까지 그랬듯이 또 한 번의 해프닝으로 끝날 거야. 저렇게 겁주지만 전쟁이 일어날 가능성은 전혀 없어." 이렇게 심각하게 받아들이지 않는 것입니다.

오랜 시간 분단 상태로 살아오니 긴장감 자체가 사라져 버린 것입니다. 지금도 세계 곳곳에 전쟁과 테러 사건이 일어나고 그것을 뉴스로 접하기는 하지만, 우리 이야기는 아닌 것처럼 느껴지는 것입니다. 이렇게 인간은 모든 것에 쉽게 익숙해지고 쉽게 무뎌집니다.

영적인 전쟁도 그렇습니다. 영적 위기 상황을 피부로 느끼며, 심각하게 인식하는 사람은 그리 많지 않습니다. 보이지 않고 느껴지지 않기 때문입니다. 성경은 사단이 우리를 삼키기 위해 우는 사자와 같이 돌아다니고 있다고 말씀합니다. 치열한 영적 싸움의 한가운데에서 살아가기 위해 전신갑주를 취하라고 교훈합니다. 그런데도 우리에게는 그다지 와닿지 않습니다. 사단이 보이지 않고, 영적인 전쟁도 느껴지지 않기 때문입니다.

그래서 영적 훈련을 게을리하고, 성도의 교제를 귀히 여기지 않고, 말씀과 기도를 멀리하고, 무장을 해제한 채로 살아갑니다. 뜻밖의 고난을 만나거나 강력한 영적 공격에 휘청거리게 될 때면 그제야 '영적 전쟁'의 실체를 조금씩 느끼게 됩니다. 강력한 시험에 빠져 흔들리고 실패와 아픔을 당한 후에야 비로소 왜 예수님이 날마다 시험에 들지 않기를 기도하라 하셨는지 뼈저리게 느끼게 되는 것입니다.

깨어 있으라

주기도문의 마지막 기도는 우리가 치열한 영적 전쟁터 한가운데에서 살아가고 있다는 사실을 잊지 말라는 경고입니다. 날마다 이 기도를 드림으로 우리의 현실을 깨닫고 깨어 있기를 바라시는 겁니다. 예수님은 이 기도를 통해 날마다 우리를 시험하는 자가 있음과 우리는 악한 자로부터 보호받아야 하며 또한 싸워야 한다는 사실을 분명히 가르치십니다. 또 우리의 적이 누구인지도 분명하게 가르쳐 주십니다. 이 기도는 날마다 영적 전투를 치르며 사는 우리에게 주시는 실제적인 처방전입니다.

한편 이 기도는 예방적인 기도이기도 합니다. 일어날 가능성이 있는 어떤 위험을 예상하며 미리 대비하는 것입니다. "우리를 시험에 들게 하지 마시옵고" 이 문장을 보면 아직 시험에 들지는 않은 것으로 보입니다. 하지만 시험이 찾아올 것을 알기에, 오늘도 모든 시험에서 우리를 지켜 달라고 기도하는 것입니다.

이는 막연한 대비가 아닙니다. 일어날 가능성이 100%인 일을 대비하는 것입니다. 시험당하는 것은 우리 모두의 현실입니다. 우리의 약점을 잘 아는 사단은 우리가 잘 다니는 길목, 우리가 자주 넘어지는 연약한 곳에 '지뢰'를 묻어 두고 밟기를 기다립니다. 찾아다닐 필요도 없습니다. 덫을 치고 기다리기만 하면 많은 사람이 스스로 찾아와 시험에 빠지기 때문입니다. 그런 차원에서 이 기도는 매우 실제적인 기도이며 생략해서는 안 되는 기도입니다.

광야에서 사십 일을 계시면서 사탄에게 시험을 받으시며(being tempted by Satan) 들짐승과 함께 계시니 천사들이 수종들더라 **막 1:13**

성경은 예수님조차 이 땅에서 인간으로 사시는 동안 시험받으셨음을 보여 줍니다. 예수님을 시험했다면, 우리를 가만히 두겠습니까? 그럴 리가 없습니다. 우리를 무너뜨리려고, 잡아먹으려고 할 것입니다. 날마다 틈을 노릴 것입니다. 그 사실을 알면서 아무런 대비를 하지 않아 악한 자의 먹이가 되면 안 됩니다. 날마다 이 기도를 드려야 하는 것입니다.

> 15우리에게 있는 대제사장은 우리의 연약함을 동정하지 못하실 이가 아니요 모든 일에 우리와 똑같이 시험을 받으신 이로되(One who has been tempted in all things as we are) 죄는 없으시니라 16그러므로 우리는 긍휼하심을 받고 때를 따라 돕는 은혜를 얻기 위하여 은혜의 보좌 앞에 담대히 나아갈 것이니라 히 4:15~16

예수님은 우리가 받는 모든 시험을 받으셨습니다. 때문에 머리가 아닌 가슴으로 우리를 이해하십니다. 우리의 연약함을 진심으로 동정하십니다. 그러나 죄를 짓지 않으신 분입니다. 시험에 넘어지지 않고 시험을 이기신 분입니다. 시험받으신 분으로서 시험에 대해 잘 아실 뿐 아니라 인간의 연약함을 정확히 이해하시기에, 시험에 들지 않도록 기도하라고 말씀하신 것입니다. 우리는 예수님의 가르침을 따라야 합니다.

문제가 생기고 시험이 찾아올 때는 도움받을 대상을 잘 선택해야 합니다. 지혜로운 사람, 성숙한 신앙을 가진 분을 찾아야지 믿음 없는 사람, 어리석은 사람을 찾아서는 안 됩니다. 우리가 시험에 들었을 때 누구와 상의해야 할까요? 누구에게 도움을 청해야 하겠습니까? 누가 우리를 이해하고 도울 수 있겠습니까? 바로 예수님입니다.

그래서 히브리서는 은혜의 보좌 앞으로 나아가라고 권면합니다. 긍휼하심을 받고 때를 따라 돕는 은혜를 얻기 위해 주님이 계신 그 은혜의 보좌 앞으로 담대히 나아가라고 말씀하는 것입니다. 그곳에서 시험을 이길 힘을 얻게 되는 까닭입니다.

이렇듯 이 기도는 하나님께 피하는 자들만 드릴 수 있는 기도입니다. 하나님은 자기에게 피하는 모든 자의 방패가 되어 주십니다(시 18:30). 성경은 시험을 당하여 하나님께 피한 자들의 이야기로 가득하며, 시편은 하나님께 피한 자들이 누리는 복을 노래합니다. 이것은 절대로 소극적인 행위가 아닙니다. 매우 적극적이고 지혜로운 행동입니다. 시험 그 자체가 없을 수는 없지만, 하나님께 피하는 자는 시험에 걸려 넘어지지 않을 수 있습니다.

유혹과 시험

"우리를 시험에 들게 하지 마시옵고"라는 기도를 자세히 살펴보면, 하나님께서 우리를 시험으로 이끌지 않으시기를 구하는 기도인 것처럼 느껴지기도 합니다. 시험의 주체가 하나님이신 것처럼 느껴진다는 말입니다. "하나님 우리를 시험하지 말아 주세요. 우리를 시험으로 이끌지 말아 주세요." 이런 기도 같은 느낌이 드는 것입니다.

그러나 하나님은 우리를 시험으로 이끄시는 주체가 아닙니다. 우리를 시험에 들게 하는 자는 사단이며, 우리를 시험에 들지 않게 하시는 분은, 이 기도를 들으시는 하늘에 계신 아버지이십니다. 그래서 메시지 성경은 "우리를 우리 자신과 마귀에게서 안전하게 지켜 주소서"라고 풀어 썼고, NLT 성경은 "우리가 유혹에 굴복하지 않게 하옵소서"라고 풀어 썼습니다. 이 기도의 의미를 잘 살린 번역이라고 생각합니다.

우리가 이렇게 해석해야 하는 이유는 시험이라는 단어가 'Test'가 아닌 'Temptation(유혹)'이기 때문입니다. 신약성경에서 이 단어는 부정적인 의미로 사용되었습니다. 이 유혹(시험)의 주체는 하나님이 아닙니다. 이 기도 역시 그런 맥락 안에서 읽어야 합니다.

유혹의 목적은 넘어지게 하는 것이고, 죄에 빠지게 하는 것입니다. 그 동기와 목적이 불순하고 파괴적입니다. 유혹은 악한 것입니다. 하나님은 우리를 유혹하지 않으십니다. 하나님에게서는 그 어떤 악도 나올 수 없습니다. 때때로 우리를 강하게 하고 성장시키기 위해 'Test'나 'Training'을 하시지만, 죄에 빠지도록 유혹으로 이끄시지는 않습니다. 하나님의 본질과 성품에 어긋나는 일이기 때문입니다.

하나님은 선하시고, 하나님은 사랑이십니다. 도리어 사단의 유혹조차 우리를 연단시키는 건강한 시험으로 바꿔 내시는 분이 하나님이십니다. 사단의 유혹을 통해서도 선을 만들어 내시는 아버지가 하나님이십니다. 유혹은 사단의 전매특허입니다. 그는 유혹하는 자요 속이는 자입니다.

> 많은 사람이 내 이름으로 와서 이르되 나는 그리스도라 하여 많은 사람을 미혹하리라 **마 24:5**
> 거짓 그리스도들과 거짓 선지자들이 일어나 큰 표적과 기사를 보여 할 수만 있으면 택하신 자들도 미혹하리라 **마 24:24**

따라서 유혹이라는 단어가 사용되었다는 사실은 시험하는 자, 사단이 배후에 있음을 암시합니다. 시험의 주체는 사단이며, 하나님은 시험에 들지 않도록 지키시는 분인 것입니다. 창세기 3장을 보면 이 세상에 그 존재를 처음으로 드러내는 사단은 '유혹하는 자'로 나타납니다.

> 4뱀이 여자에게 이르되 너희가 결코 죽지 아니하리라 5너희가 그것을 먹는 날에는 너희 눈이 밝아져 하나님과 같이 되어 선악을 알 줄 하나님이 아심이니라 6여자가 그 나무를 본즉 먹음직도 하고 보암직도 하고 지혜롭게 할 만큼 탐스럽기도 한 나무인지라 여자가 그 열매를 따먹고 자기와 함께 있는 남편에게도 주매 그도 먹은지라 **창 3:4~6**

뱀은 인간을 유혹했습니다. 모든 유혹하는 존재들의 특징은 유혹은 하되 책임은 져 주지 않는다는 것입니다. 뱀은 "이것만 먹으면 하나님 같이 된다"라고 유혹했지만, 뒷일을 책임지지 않았습니다. 사건이 터진 다음 사단은 사라져 버렸습니다. 유혹하고 시험하는 존재는 다 그렇습니다. 나를 사랑하는 척 달콤한 말로 유혹하지만, 결정적인 순간에 도망가 버리고 맙니다. "원하는 것을 얻으세요. 하고 싶은 것을 하세요." 이렇게 우리를 유혹하지만, 사건이 터지고 나면 책임은 내가 지는 것입니다.

왜 그럴까요? 시험하고 유혹하는 존재는 나를 사랑하는 것이 아니라 자신의 유익을 구하며, 자신의 목적을 추구하기 때문입니다. 처음 접근하는 순간부터 우리를 위해 다가오는 것이 아닙니다. 속내를 감추고 있습니다. 그러니 책임져 줄 이유가 없습니다. 이처럼 유혹의 목적은 불순하고 파괴적입니다. 그러니 어떻게 하나님이 우리를 유혹하는 자가 되실 수 있겠습니까? 우리를 사랑하시는 하나님은 우리를 책임져 주십니다. 우리를 구원하십니다(요 10:11).

사고는 사단과 인간이 합심하여 저질렀지만, 수습은 하나님께서 해 주십니다. 예수님은 인간의 몸으로 이 땅에 오셔서 자신의 생명을 바침으로 우리를 살려 내셨습니다. 그렇다면 누구 말을 들어야겠습니까? 나를 사랑하고, 책임져 주는 분을 따라야 하지 않겠습니까? 야고보서는 이렇게 말씀합니다.

13사람이 시험을 받을 때에(when he is tempted) 내가 하나님께 시험을 받는다 하지 말지니 하나님은 악에게 시험을 받지도 아니하시고 친히 아무도 시험하지 아니하시느니라 14오직 각 사람이 시험을 받는 것은 자기 욕심에 끌려 미혹됨이니 15욕심이 잉태한즉 죄를 낳고 죄가 장성한즉 사망을 낳느니라 **약 1:13~15**

야고보서의 시험 역시 'Temptation'으로 번역되었고, 헬라어로도 주기도문에서 사용된 단어와 뿌리가 같은 단어가 사용되었습니다. 야고보는 하나님은 악에게 시험받지 않으시며, 아무도 시험하지 않으신다고 선언합니다. 각 사람이 시험에 빠지는 것은 자기 욕심 때문이라고 말합니다. 욕심이 죄를 낳고, 죄가 우리를 죽음에 이르게 만든 것입니다. 그러니 시험에 드는 것에 대해 핑계를 대고 변명하지 말라는 것입니다.

신앙생활을 하다 보면 "나 시험에 들었어"라는 말을 입에 달고 다니는 사람들이 있습니다. 이는 자랑이 아닙니다. 부끄러워해야 할 일입니다. 그만큼 자신이 약하다는 말이며, 스스로 미혹되었다는 말이기도 하기 때문입니다. 언어생활, 습관부터 바꿔야 합니다. 사단은 그런 우리의 말을 듣고 있으며, 그런 말 자체가 또 다른 유혹거리를 제공하기 때문입니다.

야고보서는 하나님께 시험받는다고 말하지 말 것을 강하게 말씀합니다. 또 유혹받는 것 자체는 죄가 아니지만, 그 유혹에 넘어가는 것은 나의 책임이라고 분명하게 선언합니다. 시험에 드는 것은 다른 누구의 책임도 아닌, 나의 책임입니다. 나의 선택이기 때문입니다. 얼마든지 다른 선택을 할 수 있었지만 시험에 굴복해 버린 것입니다. 어쩔 수 없는 상황이란 없기 때문입니다.

선택은 가능하다

《죽음의 수용소에서》를 쓴 정신과 의사 빅터 플랭클(Viktor Frankl)은 아우슈비츠 수용소에서 인간 이하의 삶을 경험했습니다. 그곳은 인간의 육체와 정신을 파괴하여 그야말로 인간 이하의 존재가 될 수밖에 없도록 만드는 환경이었습니다. 그러나 그는 참혹한 환경 속에서 다른 선택을 하는 사람들을 발견하게 됩니다. 빵 한 조각을 나누어 주는 배려와 사랑, 동료애, 소망과 믿음, 따뜻함 등 가장 처참한 환경 속에서도 숭고한 가치들을 선택하는 사람들이 있더라는 것입니다. 환경이 그들의 믿음과 심성을 파괴할 수 없었습니다. 그들은 시험과 유혹을 이겨 낸 사람들이었습니다.

빅터 프랭클은 자신의 체험을 통해 하나님이 자신의 형상을 따라 지으신 인간에게 자신의 반응을 선택할 수 있는 자유와 능력을 주셨다는 사실을 깨닫게 됩니다. 그 어떤 유혹이 찾아오고, 그 어떤 환경에 던져진다고 하더라도, 하나님의 형상대로 지음받은 우리는 자신의 반응을 선택할 수 있다는 것입니다. 눈앞의 시험을 이길 수 있다는 것입니다.

또 다른 한 사람이 생각납니다. '창조주의 미술교육'의 선각자인 프란츠 치젝(Franz Cizek)의 제자 중 신기할 만큼 이름이 알려지지 않은 한 화가가 있습니다. 바로 프리들 디커-브랜다이스(Friedl Dicker-Brandeis)입니다. 그녀는 체코 시민권을 얻어 프라하에서 남편과 함께 미술 교사로 활동했습니다. 1942년 12월 17일 나치의 강제수용소 중 하나인 체코의 테레진 수용소로 끌려가게 되는데, 이곳은 당시 모든 수용소 중에서도 최악의 환경이었다고 합니다.

1인당 50kg의 짐이 허용되었는데 대부분의 사람은 옷과 생활용품, 귀중품을 챙긴 반면 디커-브랜다이스는 대부분을 미술용품으로 채웠습니다. 본인 자신을 위해서, 또한 수용소에서 만날 어린이들에게 미술을 가르치기 위해서였습니다. 그녀는 죄수로 수용소에 끌려간 것이 아니라 자신에게 주어진 고귀한 사명을 이루기 위해 미술 교사로서 그곳을 향했던 것입니다. 출발점 자체가 달랐으니, 수용소에서의 삶도 다를 수밖에 없었습니다.

아이들은 사랑하는 가족과 떨어져 아동 기숙사에서 혼자 살아야 했습니다. 그녀는 참혹한 수용소에서 날마다 두려움에 떠는 수많은 유대인 어린이에게 미술을 가르쳤습니다. 위험을 무릅쓰고 미술 재료를 밀반입하여 미술을 가르치고 함께 그림을 그렸으며, 지인을 통해 어렵게 구한 미술 작품을 감상시키기도 했습니다. 어린이들에게 미술 수업은 치유의 시간이었고, 그렇게 디커-브랜다이스는 수용소 어린이들의 정신적 엄마가 되었습니다.

수용소에 갇힌 지 2년이 채 되지 않았던 1944년 가을, 그녀는 어린 제자들과 함께 아우슈비츠 수용소로 이동하게 되었습니다. 그곳에서 어린 제자들과 함께 삶을 마감하게 됩니다. 그녀의 이야기는 생존한 몇몇 제자들의 증언을 통해 밝혀졌습니다. 그들은 한 목소리로 이렇게 이야기했습니다.

선생님은 우리에게 희망과 자유를 상상하는 법을 알려 주셨습니다. 공포와 비참함으로 가득한 수용소 안에서 다른 세계로 이동하는 법을 가르쳐 주셨습니다. 나는 선생님으로부터 두려움으로부터 해방되는 법을 배웠습니다.

그녀가 세상을 떠나고 십수 년 뒤, 그녀가 남긴 큰 짐 가방 두 개에서 테레진 수용소의 어린이들이 그린 4,700여 점의 그림이 발견됩니다. 그녀가 숨겨 둔 것이었습니다. 그 작품들은 프라하의 유대인 박물관에 소장되어 있다고 합니다. 그녀는 그 어떤 참혹한 상황이라 할지라도, 그 어떤 시련과 시험이 있다 할지라도, 우리는 우리의 삶을 선택할 수 있다고 말합니다. 그리스도인들에게는 그런 힘이 있습니다.

그러므로 시험에 빠져 넘어지는 것에는 내 책임이 큽니다. 사단에게 책임을 미루어서는 안 됩니다. 하나님이 나를 시험에 들게 만드셨다는 주장은 어불성설입니다. 사단은 스스로 문을 열고 들어올 수 없습니다. 내가 열어 주어야 들어올 수 있습니다. 하나님은 우리를 유혹하지 않으십니다. 그러니 시험에 드는 것은 나의 책임입니다.

이 기도를 드리는 자는 그러한 자신의 연약함과 책임을 아는 사람입니다. 그래서 시험으로부터 나를 지켜 주실 수 있는 유일한 분에게 도움을 청하는 것입니다. 이 기도를 드리는 자는 사단의 존재를 인식하고 있으며, 매일의 삶이 영적 전투임을 잘 알고 있습니다. 그래서 그 전쟁에서 나를 보호하고 이기게 하실 분에게 도움을 청하는 것입니다.

그렇다면 구체적으로 사단은 우리를 어떻게 유혹할까요? 요한일서 2장을 보면 크게 세 가지 루트가 있는 것 같습니다.

> 이는 세상에 있는 모든 것이 육신의 정욕과 안목의 정욕과 이생의 자랑이니 다 아버지께로부터 온 것이 아니요 세상으로부터 온 것이라
>
> **요일 2:16**

주님께서 예상 문제를 주셨다는 생각이 듭니다. 시험 범위를 알려 주신 것입니다. "사단은 네가 가장 약한 이런 영역들에

서 너를 유혹할 것이니, 잘 준비하고 잘 대비하라"라고 하신 것입니다. 어떻게 이런 유혹을 이길 수 있을까요? 15절에 그 답이 있습니다.

> 이 세상이나 세상에 있는 것들을 사랑하지 말라 누구든지 세상을 사랑하면 아버지의 사랑이 그 안에 있지 아니하니 **요일 2:15**

시험 범위가 단순하듯, 이기는 방법도 단순합니다. 이 시험에 쉽게 빠지는 사람은 이 세상이나 이 세상에 있는 것들을 사랑하는 사람입니다. 이 시험을 이기는 비결은 그것들을 사랑하지 않기로 매일 작정하는 것입니다. 더 적극적인 비결은 아버지를 사랑하고 아버지의 사랑 안에 사는 것입니다. 그러므로 자신을 잘 살펴보길 바랍니다. 내가 자주 시험에 드는 이유가 세상이나 이 세상에 있는 것들을 사랑하기 때문은 아닌지, 아버지의 사랑보다 세상을 더 좋아하기 때문은 아닌지 스스로 물어보기 바랍니다.

한 가지 놓치지 말아야 할 것은 시험에 들지 않기를 구하는 기도는 중보기도이기도 하다는 사실입니다. 이 기도가 '나'가 아니라 '우리'를 위한 기도이기 때문입니다. 혹시 한 교회 지체를 위해 이렇게 기도해야겠다는 성령의 음성을 느낀 적은 없습니까? 혹시 교회를 위해 이런 기도를 드려야겠다는 성령의 음성을 느낀 적은 없습니까? 있다면 그것은 기도하라는 아버지의 요청일 것입니다. 그 음성을 들은 사람은 형제를 대신하여, 공동체를 대신하여 보호하심의 은혜를 구하는 기도를 드려야 합니다.

사실 우리 역시 알게 모르게 누군가의 기도의 빚을 지고 살아갑니다. 그 기도 덕분에 시험을 피하고 유혹을 이기며 삽니다. 애초에 우리가 예수님을 믿고 구원을 얻은 것도 누군가의 기도에 의한 역사입니다. 그러므로 우리는 기도로 그 빚을 갚으며 살아야 합니다. '나'가 아닌 '우리'가 시험에 들지 않도록 기도하는 것입니다.

평소 저는 주변에 기도 요청을 많이 합니다. 목회자는 주어진 일에 책임을 다하기 위해 영적으로 보호받아야 할 사람입니다. 영적 전쟁의 선봉에 노출된 사람이기 때문입니다. 얼마나 많은 유혹, 시험, 영적 공격이 있겠습니까? 그래서 저를 혼자 싸우게 두지 말아 달라고, 함께 기도하며 함께 싸워 달라고 부탁합니다.

유혹을 이기는 여섯 가지 원칙

기도만으로 끝나는 것은 아닙니다. 기도했으니 '하나님이 다 알아서 하시겠지'라고 생각해서는 안 됩니다. 시험에 들지 않기를 기도하는 우리가 해야 할 일이 있습니다.

첫째로 유혹이 있는 곳에 가지 않아야 합니다. 시험에 들 만한 환경에서 나를 떼어 놓아야 하는 것입니다.

랜디 알콘(Randy Alcorn)의 책《그 길에서 서성거리지 말라》에는 흥미로운 이야기가 있습니다. 유부남인 한 남자가 직장 동료 여성에게 자꾸만 마음이 끌리는데, 혹시 잘못된 관계로 나갈까 걱정이 된다고 고백합니다. 친구는 그러면 그 여성과 거리를 두고 있냐고 묻습니다. 그러자 근래에 더 자주 만나고 영화도 보았다고 말합니다. 그 사람은 시험에 들지 않기를 원한다면서 스스로를 시험에 빠지기 좋은 환경 속으로 밀어 넣고 있었던 것입니다.

마치 깨지기 쉬운 유리컵을 식탁 모서리로 아슬아슬하게 밀어내면서 "아 컵이 떨어져서 깨지면 안 되는데"라고 말하는 것과 같습니다. 시험에 들지 않기를 기도하는 우리가 해야 할 첫번째 일이 무엇입니까? 유혹이 있는 곳에 가지 않아야 합니다. 쉽게 시험에 들 만한 환경에서 나를 떼어 놓아야 합니다. 그 길 근처에서 서성이지 말아야 합니다.

둘째로 작은 유혹이 찾아올 때 다스려야 합니다. 조기 진압을 하라는 것입니다. 루터와 칼빈 같은 종교개혁자들은 이렇게 말했습니다.

"새가 머리 위를 날아가는 것은 막을 수 없지만, 새가 머리 위에 둥지를 트는 것은 막을 수 있다."

달리 말하면 새가 머리 위를 날아가는 것은 우리의 책임이 아니지만, 새가 내 머리 위에 둥지를 트는 것은 나의 책임이라는 말입니다. 우리를 유혹하고 시험하는 새들은 날마다 우리 머리 위로 날아다닙니다. 이 시험과 유혹이라는 것을 성적 유혹, 물질적 유혹, 명예의 유혹 같은 큰 시험이라고만 생각하지 않아야 합니다. 하나님의 뜻을 떠나 하나님이 기뻐하지 않는 자리에 서도록 하는 모든 것이 유혹이요 시험입니다.

하나님은 용서와 화해를 원하시는데 그것이 싫어서 여전히 누군가를 미워하는 것은 유혹이요 시험입니다. 봉사하고 헌신하길 원하시는데 도망 다니는 것도 유혹이요 시험입니다. 훈련받길 원하시는데 받지 않는 것도 유혹이요 시험입니다. 작은 유혹, 작은 시험이 있을 때 다스려야 합니다. 그러면 시험에 깊이 빠져 넘어질 확률이 줄어듭니다.

셋째로 자신의 약점을 알아야 합니다. 사람마다 약한 부분이 다릅니다. 자신의 약점을 파악하고, 그곳을 잘 살펴야 합니다. 물질에 약한 사람이 있습니다. 명예욕과 자기 자랑이 심한 사람이 있습니다. 불필요한 호기심이 많고, 입이 가볍고 부정적인 사람이 있습니다. 인간관계가 미숙하고 자기중심적인 사람이 있습니다. 바로 그 부분을 조심해야 합니다. 사단이 그 약점을 파고들어 시험에 빠지게 만들기 때문입니다.

스스로 자신의 약점을 알기 어렵다면 믿을 만한 믿음의 친구에게 물어야 합니다. 함께 신앙생활을 하는 믿음의 선배에게 물어보아야 합니다. 그리고 무엇보다 하나님께 알려 달라고 기도해야 합니다. 나는 넘어지지 않을 것이라는 생각이 가장 위험합니다. 자신의 약한 부분, 아킬레스건을 알고 이해하기만 해도 유혹을 이기는 데 많은 도움이 될 것입니다.

넷째로 특별히 더욱 집중해서 이렇게 기도해야 할 때가 있음을 기억해야 합니다.

> 예수님은 그 곳에 도착하셔서 제자들에게 '시험에 들지 않게 기도하라' 하시고 **눅 22:40, 현대인의 성경**
> '시험에 들지 않도록 정신 차려 기도하라. 마음은 간절하지만 몸이 약하구나.' **마 26:41, 현대인의 성경**

십자가를 눈앞에 둔 저녁 겟세마네 동산에서, 예수님은 제자들에게 시험에 들지 않게 깨어 기도하라고 요청하셨습니다. 예수님이 거듭 기도를 요청하시는 일은 흔치 않습니다. 그러므로 예수님이 특별한 요청을 하실 때 우리는 더욱 진지하게 반응해야 합니다. 중요한 순간이라는 의미이기 때문입니다.

제자들은 그날 밤 기도해야 했습니다. 졸지 말고 깨어 있어야 했습니다. 기도하라는 주님의 말씀을 가벼이 들어서는 안 되는 밤이었습니다. 그러나 제자들은 잠들고 맙니다. 그들은 뼈아픈 실패를 하게 됩니다. 기도해야 할 순간 기도하지 않았기 때문입니다.

종종 하나님이 우리에게 강력하게 기도할 것을 요청하실 때가 있습니다. 그런 일이 자주 있지 않기 때문에 그럴 때는 정신 바짝 차리고, 집중해서 기도해야 합니다. 작정기도도 좋습니다. 금식도 하고, 철야도 하고, 특별한 기도의 자리를 찾아갈 필요가 있습니다. 그런 순간에 드리는 기도는 큰 시험을 어려움 없이 넘어가게 해 주고, 시험을 이겨 낼 힘을 주기도 합니다. 그런 기도를 하라 하신다는 것은 이미 도와주시려는 의도가 아닐까요? 그러므로 기도의 부담이 느껴지는 순간 더욱 집중하여 기도해야 합니다.

다섯째로 이미 시험이 찾아왔을 때는 맞서 싸워 이겨야 합니다. 전쟁은 무서운 것이기에 할 수만 있다면 피하는 것이 좋습니다. 그러나 이미 벌어졌다면 이겨야 합니다. 져서는 안 됩니다. 모든 방법을 동원해야 합니다. 기도실을 찾고, 중보기도를 요청해야 합니다. 말씀을 읽고, 말씀을 들어야 합니다. 찬양을 불러야 합니다. 세상의 말이 아닌 믿음의 말을 하는 친구를 만나야 합니다. 영적 멘토를 찾아가야 합니다. 잘 먹고 잘 자며 육신을 회복하고 돌봐야 합니다. 그리하여 영적 싸움에서 이기는 자가 되어야 합니다.

여섯째로 자신이 다른 사람의 시험거리가 되지 않도록 기도해야 합니다. 하나님은 시험에 들게 하시는 분이 아니지만, 사단은 시험에 들게 만드는 악한 존재입니다. 그렇다면 우리는 누구를 닮아야 하겠습니까? 바로 하늘 아버지를 닮아야 합니다.

다른 사람이 나를 시험에 들게 한다는 생각만 하면 위험합니다. 또한 내가 누군가를 시험에 들게 하지는 않았는지 돌아볼 수 있어야 합니다. 자신이 시험에 들지 않기를 기도하는 사람은, 누군가를 시험에 빠뜨려선 안 됩니다. 도리어 시험에 빠진 이를 돕고 건지는 자가 되어야 합니다.

"우리를 시험에 들게 하지 마시옵고" 우리는 유혹에 쉽게 넘어지는 존재이기에, 사단이 우리를 삼키려 하기에, 날마다 진지하게 이 기도를 드려야 합니다. 이 기도는 우리를 위해 드리는 기도입니다. 나만 아니라 나의 가족, 나의 교회, 나의 나라를 위한 기도입니다. 주의 백성들이 시험에 빠지고, 하나님의 교회가 유혹에 빠져 세상과 다를 바 없이 되어 버리면, 하나님의 이름이 거룩히 여김을 받을 수 없게 됩니다. 우리는 함께 하나님의 교회가 시험에 들지 않도록 기도해야 합니다.

사단은 우리를 넘어지게 하고 망하게 하기 위해 시험합니다. 만만치 않은 싸움입니다. 그런 유혹과 시험이 있을 것을 예상하고 대비해야 합니다. 주님께서 가르쳐 주신 이 기도가 가장 강력한 대비입니다. 매일 아침 이 기도를 드려 보세요. 자신을 위해, 배우자를 위해, 등교하는 자녀를 위해 기도해 보세요. 그렇게 기도하는 자녀들을 시험에 들지 않도록 지켜 주시겠다는 약속이 이 기도에 담겨 있습니다.

날마다 주께서 가르쳐 주신 이 기도를 드림으로 시험에 들지 않을 수 있습니다. 나를 지키고, 나의 가정을 지키고, 나의 교회를 지킬 수 있습니다. 사단은 우리를 망가뜨리고 파멸시키기 위해 우리를 시험하지만, 기도를 들으시는 하나님은 그 시험을 통해 우리를 단련하시고 성장시키십니다. 바로 그 과정을 통하여 우리는 하나님의 사람으로 빚어져 가고, 더욱 거룩한 주님의 제자로 이 땅을 살아가게 될 것입니다.

Chapter 10

다만 악에서
구하시옵소서

우리를 시험에 들게 하지 마시옵고 다만 악에서 구하시옵소서

(나라와 권세와 영광이 아버지께 영원히 있사옵나이다 아멘)

마 6:13

어느새 주기도문의 마지막 청원에 이르렀습니다. "다만 악에서 구하시옵소서" 많은 학자들은 이 기도를 추상적이고 총체적인 의미에서의 악이 아니라 '악한 자', 즉 사단에게서 구해 달라는 기도로 이해합니다. 저 역시 이 해석을 선호합니다. 모든 악은 악한 자인 사단에게서 비롯되기 때문입니다. 그는 거짓의 아비요 우리를 유혹하여 넘어지게 하는 자입니다.

실제로 신앙생활을 하는 데 있어서도 악이라는 추상적인 적이 아닌 사단이라는 구체적이고 실재하는 존재를 생각하며 기도하는 것이 더 옳고, 효과적입니다. 예수님은 가까이 다가온 십자가의 죽음을 느끼시면서, 이 땅에 남겨 두어야 할 제자들과 하나님 나라의 백성들을 위해 이렇게 기도하셨습니다.

14내가 아버지의 말씀을 그들에게 주었사오매 세상이 그들을 미워하였사오니 이는 내가 세상에 속하지 아니함 같이 그들도 세상에 속하지 아니함으로 인함이니이다 15내가 비옵는 것은 그들을 세상에서 데려가시기를 위함이 아니요 다만 악에 빠지지 않게 보전하시기를 위함이니이다 **요 17:14~15**

악의 실재

예수님은 자신이 세상에 속하지 않았기에 세상의 미움을 받은 것처럼, 이 세상에서 살아가지만 이 세상에 속하지 않은 당신의 제자들도 세상의 미움받을 것을 아셨습니다. 그래서 사랑하는 제자들이 악에 빠지지 않도록 보호해 주시기를 기도하셨습니다. 이는 주기도문과 같은 맥락입니다.

우리가 사용하는 개역개정 성경은 이 구절을 "악에 빠지지 않게"라고 번역했습니다. 그런데 현대인의 성경이나 새번역 성경을 보면 '악한 자'에게서 지켜 달라는 기도로 번역했고, 공동번역 성경은 더 구체적으로 '악마'에게서 지켜 달라는 기도로 번역했습니다.

> 내가 아버지께 원하는 것은 그들을 이 세상에서 데려가시는 것이 아니라 악마에게서 지켜주시는 일입니다. **요 17:15, 공동번역**

이 요한복음의 구절과 주기도문에서 사용된 '악'이라는 헬라어는 같은 단어입니다. 그래서 저는 예수님이 추상적인 악의 영향력으로부터 우리를 보호해 달라고 기도하셨다기보다는, 우리의 대적인 '악한 자' 곧 사단이라는 구체적인 실체로부터 우리를 지켜 주시기를 기도하셨다고 생각합니다. 우리의 싸움은 실체가 없는 악이란 개념과의 싸움이 아니라 악한 자와의 싸움이기 때문입니다. 에베소서는 이렇게 교훈합니다.

> 우리의 싸움은 인간을 적대자로 상대하는 것이 아니라, 통치자들과

권세자들과 이 어두운 세계의 지배자들과 하늘에 있는 악한 영들을 상대로 하는 것입니다. **엡 6:12, 새번역**

사단은 실재하는 존재입니다. 하나님이 실재하시듯이 사단도 실재합니다. 마틴 루터는 그를 "무시무시한 어두움의 왕"이라고 표현했습니다. 오늘날 이런 어두운 존재가 배후에 있다고 여겨지는 사건들이 얼마나 많습니까? 우리 주변에서 벌어지는 잔인하고 끔찍한 비인간적 일들을 단지 정신적인 문제, 혹은 질병이라는 원인으로 풀어낼 수 있다고 생각하십니까?

눈에 보이지는 않지만 어떤 어두움과 악이 그 배후에 있다고 생각해 본 적은 없으십니까? 때때로 자신답지 않은 생각이나 말과 행동을 한 뒤에 나를 넘어지게 하는 악한 힘을 느껴 본 적은 없으십니까? 어두움의 세력, 악한 자는 실제로 존재합니다. 모든 악한 일의 배후에 그가 있습니다. 성경은 하나님 나라의 백성이 되기 전의 우리가 어떤 상태였는지를 이렇게 설명합니다.

1그는 허물과 죄로 죽었던 너희를 살리셨도다 2그 때에 너희는 그 가운데서 행하여 이 세상 풍조를 따르고 공중의 권세 잡은 자를 따랐으니 곧 지금 불순종의 아들들 가운데서 역사하는 영이라 **엡 2:1~2**

바울은 이전의 우리가 단지 죄와 허물로 죽은 존재였을 뿐만 아니라, 공중의 권세 잡은 자를 따르고 있었다고 말합니다. 그가 바로 성경이 말하는 악한 자요 사단입니다. 그래서 현대인의 성경은 이렇게 번역했습니다.

> 전에는 여러분이 세상의 악한 길을 따르고 하늘 아래의 영역을 지배하고 있는 마귀에게 순종하며 살았습니다. 이 마귀는 현재 불순종하는 사람들 가운데서 활동하는 영입니다. **엡 2:2, 현대인의 성경**

예수님이 가르쳐 주신 기도는 바로 이 악한 자에게서 우리를 보호해 달라는 기도입니다. 우리는 왜 이렇게 기도해야 합니까? 이 악한 자가 만만치 않기 때문입니다. 물론 성경은 이 싸움은 이미 우리가 승리한 싸움이며, 넉넉히 이긴다고 말씀합니다.

> 36기록된 바 우리가 종일 주를 위하여 죽임을 당하게 되며 도살 당할 양 같이 여김을 받았나이다 함과 같으니라 37그러나 이 모든 일에 우리를 사랑하시는 이로 말미암아 우리가 넉넉히 이기느니라 **롬 8:36~37**

현대인의 성경은 '거뜬히 이긴다'라고 번역했고, 새번역 성경은 '이기고도 남는다'라고 번역했습니다. 옳습니다. 예수님이 이미 승리하셨고, 그분을 따르는 우리도 승리했습니다. 우리의 힘과 능력이 아니라, 우리를 사랑하시는 이로 말미암아 넉넉히 이기는 것입니다.

그러나 악한 자는 뻔히 질 줄 알면서도, 조금이라도 우리를 아프게 하려는 사악한 존재입니다. 이 악한 자는 도무지 물러설 줄 모르는 집요한 존재이며, 할 수만 있다면 상처를 남기고 절망시키려고 하기 때문에 결코 만만히 보아서는 안 됩니다. 게다가 이 싸움은 우리 눈에 보이지 않는 싸움이기에 더 만만치가 않습니다.

악한 자를 대적하라

악한 자를 상대하는 것은 쉬운 일이 아닙니다. 악은 무자비하며 상식이 통하지 않기 때문입니다. 무자비는 자비가 없다는 말입니다. 악한 자는 말이 통하지 않고, 우리가 설마 하는 일을 아무런 망설임이 없이 행하는 존재입니다. 우리 성도들은 얼마나 선하고 신사적입니까? 말이 통하고, 하나님의 말씀 앞에 엎드릴 줄 알고, 때로 넘어지고 죄를 짓지만 깨달을 줄 알고, 돌이킬 줄도 알지 않습니까? 하지만 악한 자에게는 그러한 상식과 자비가 없습니다. 우리 같은 어리숙한 사람들이 쉽게 상대할 만만한 존재가 아닌 것입니다.

이 기도는 우리가 악한 자의 유혹에 넘어가 악한 행위를 하지 않도록 나를 지켜 달라는 기도입니다. '악에 받쳤다'라는 말이 있습니다. '발악을 한다'라는 말도 있습니다. 쉽게 말해 제정신이 아니라는 의미입니다. 마치 어떤 존재에 사로잡힌 것처럼 그 사람답지 않고, 인간답지 않은 행동을 할 때 우리는 그런 표현을 사용합니다.

귀신 들리는 것은 머리에 꽃을 꽂고 다니거나, 미쳐서 길거리를 돌아다니는 등 겉으로만 드러나는 것이 아닙니다. 악한 자는 조용히 우리의 마음에 다가와 우리의 생각과 감정을 사로잡습니다. 자신의 종으로 만들어 우리가 악한 행동을 하게 만듭니다. 나답지 않고 예수 믿는 사람답지 않은 말과 행동을 하게 만드는 것입니다.

이 기도는 그러한 일로부터 나를 지켜 달라는 기도입니다. 잠시라도, 한순간이라도, 하나님의 성령이 아닌 악한 영의 지배를 받아 내 자신과 가정과 공동체에 상처를 남기는 어리석고 악한 언행을 하지 않도록 나를 지켜 달라는 간구인 것입니다.

이 공중 권세 잡은 악한 자는 우리의 내면에 싸움을 걸어오고, 하나님의 나라 안에 싸움을 일으킵니다. 하나님의 사람들을 자기 도구로 삼으려고 끊임없이 시도합니다. 악한 자가 틈탈 기회를 내어 주는 순간, 그는 우리 마음에 들어와 안방을 차지해 버리고, 후회할 만한 선택을 하게 만드는 것입니다.

이 기도는 그러한 악한 자의 어두운 힘으로부터 우리를 보호해 주시기를 구하는 기도입니다. 악한 자는 하나님께서 우리에게 주신 구원을 빼앗을 수는 없지만, 넘어지게 만들 수는 있습니다. 크고 놀라운 예수 그리스도의 사랑에서 우리를 끊어지게 만들 수는 없지만, 잠시 악한 길에 빠지도록 유혹할 수 있으며, 주님이 주신 은혜의 삶을 살지 못하게 만들 수도 있습니다.

우리는 "아무렴 어때. 천국만 가면 되지"라고 말할 수 없습니다. 악한 자는 우리가 하나님의 은혜를 누리지 못하게 만들고, 아프고 어둡게 살도록 만들 수 있기 때문입니다. 그는 우리의 신앙생활을 불행하게 만들 수 있습니다. 그러므로 우리에게 "다만 악에서 구하시옵소서"라는 이 기도는 너무 실제적이고, 절실한 기도입니다.

악한 자는 우리를 어떤 방법으로 시험할까요? 그 시험은 때로 노골적이고, 직접적이며 무섭습니다. 하지만 때로는 우리가 눈치챌 수 없을 만큼 음흉하고 간교하게 다가오기도 합니다. 목적은 동일합니다. 믿음을 버리게 만들고, 악에 빠지게 만드는 것입니다.

사단은 시대의 상황과 풍조에 따라, 우리 개인의 기질과 환경에 따라 이 두 가지 방법으로 우리를 공격합니다. 때로는 무서운 시련과 핍박으로 우리의 믿음을 흔들고, 때로는 아주 달콤하고 은밀한 유혹으로 우리를 악에 빠뜨립니다. 우리의 기질과 성향을 살핀 다음 그 전략을 결정합니다. 시대의 풍조와 분위기를 살핀 다음 적절한 무기를 선택합니다. 동시에 두 가지 방법을 사용하기도 합니다. 어느 것이 더 어렵다고 말할 수 없습니다.

우리는 기도해야 합니다. 우리의 눈이 밝아져 악을 분별하는 능력, 믿음이 담대해져 악에게 대적하는 능력은 하나님으로부터 오기 때문입니다. 그래서 우리에게 공동체도 주시고, 믿음의 친구들도 허락하신 것입니다. 혼자만의 힘으로 악한 자의 전략을 파악해 내고, 맞서 싸우기가 쉽지 않기 때문입니다. 힘을 모아서 같이 싸워야 하는 것입니다.

이 악한 자는 주님을 열심으로 따르려는 자를 더욱 공격하고, 하나님의 나라 안으로 침투해 들어와 이곳저곳에 지뢰를 설치합니다. 하나님의 나라 내부에 들어와 걸어오는 싸움의 실체는 궁극적으로 세 가지로 정리될 수 있습니다.

첫째로 하나님을 사랑하는 것을 방해합니다. 지극히 당연한 일이지만 악한 자는 우리가 하나님을 사랑하고 하나님께 헌신하는 것을 적극적으로 방해합니다. 그것이 의미 없는 일이라고 말합니다. 좋은 일이지만 내일부터 하라고 속삭입니다. 힘이 있을 때 주님을 섬기는 것이 아니라, 세상을 즐기라고 말합니다. 예배를 가벼이 여기게 하고, 영적인 일에 무관심하게 만듭니다. 하나님을 사랑하고, 하나님을 따르는 것을 방해하는 모든 것은 악한 자의 공격임을 인식해야 합니다.

둘째로 하나님의 백성이 서로 하나가 되는 것을 방해합니다. 자기중심주의, 이기주의, 당을 짓는 문화, 비난하고 정죄하는 일, 불평과 원망, 이 모든 것은 악한 자가 뿌리는 악한 씨앗입니다. 그는 성도가 서로 사랑하고 하나가 되는 것이 자기 나라에 큰 위협이 된다는 것을 알고 있습니다. 두세 사람만 한 마음이 되어 기도해도 놀라운 일이 일어난다는 것을 알고 있습니다. 그래서 어떡하든 서로 사랑하고 하나가 되는 것을 방해하려고 합니다. 그 모든 일은 악한 자의 일이기에, 우리는 그런 일에 도구가 되어서는 안 됩니다.

셋째로 세속화시키는 일을 합니다. 많은 경우 사단은 예배와 교회의 행사를 방해하거나 못하게 하지 않습니다. 대신 세속화시킵니다. 하나님 나라의 질서와 가치관이 아니라 세상의 질서와 가치관을 조금씩 조금씩 심습니다. 서서히 말라 가게 만듭니다. 사사기를 묵상하다 보면 하나님께서 가나안 문화를 뿌리 뽑도록 명령하시는 장면이 자주 나옵니다. 그 말씀에 순종하지 못한 이스라엘 백성은 두고두고 고생하게 됩니다. 우리 역시 공동체 안에 세상 가치관이 들어와 있지는 않은지 살펴야 합니다. 그것은 악한 자가 뿌려 놓은 씨앗입니다. 처음부터 자리 잡지 못하게 만들어야 합니다.

전능자의 그늘 아래 사는 자

그렇다면 우리는 무엇을 해야 할까요? 무엇보다 하나님께서 우리를 보호해 주시기를 요청해야 합니다. 하나님의 보호하심은 부족함이 없습니다. 하나님의 보호하심은 완벽합니다(시 121:4). 우리를 보호하시는 하나님은 악한 자보다 더 크고 강하십니다. 시편 91편은 이것을 아주 감동적으로 노래합니다.

> 1지존자의 은밀한 곳에 거주하며 전능자의 그늘 아래에 사는 자여, 2나는 여호와를 향하여 말하기를 그는 나의 피난처요 나의 요새요 내가 의뢰하는 하나님이라 하리니 3이는 그가 너를 새 사냥꾼의 올무에서와 심한 전염병에서 건지실 것임이로다 4그가 너를 그의 깃으로 덮으시리니 네가 그의 날개 아래에 피하리로다 그의 진실함은 방패와 손 방패가 되시나니 **시 91:1~4**

1절은 하나님의 백성들을 "전능자의 그늘 아래 사는 자"라고 부릅니다. 참 멋진 표현이고, 너무나 든든한 말씀입니다. 이 말씀을 묵상하면서 악에서 구하여 달라는 기도가 "아버지 제가 아버지의 날개 아래로 피합니다"라는 시편의 노래와 비슷하다는 생각이 들었습니다. 이어지는 5~7절은 이렇게 주의 날개 아래로 피하는 자에게 주시는 하나님의 보호하심이 어느 정도인지를 보여 줍니다.

> 5너는 밤에 찾아오는 공포와 낮에 날아드는 화살과 6어두울 때 퍼지는 전염병과 밝을 때 닥쳐오는 재앙을 두려워하지 아니하리로다 7천

명이 네 왼쪽에서, 만 명이 네 오른쪽에서 엎드러지나 이 재앙이 네게 가까이 하지 못하리로다 시 91:5~7

아멘! 7절은 특히 감동적입니다. 주님께 피하는 자는 이런 은혜를 누리게 되는 것입니다. 든든하지 않습니까? 누가 이런 보호하심의 은혜를 누리게 됩니까?

14하나님이 이르시되 그가 나를 사랑한즉 내가 그를 건지리라 그가 내 이름을 안즉 내가 그를 높이리라 15그가 내게 간구하리니 내가 그에게 응답하리라 그들이 환난 당할 때에 내가 그와 함께 하여 그를 건지고 영화롭게 하리라 시 91:14~15

바로 하나님을 알고 하나님을 사랑하는 사람입니다. 하나님께 간구하는 사람입니다. 다른 조건이 없습니다. 하나님을 의지하면, 하나님께 도움을 청하면 이 놀라운 하나님의 보호하심 안에서 살게 되는 것입니다. 우리가 그 보호와 도움 아래 피하길 원한다면 방법은 간단합니다. 하나님을 사랑하고, 하나님의 이름을 알고, 하나님께 간구하면 됩니다.

한편 성도를 보호하시는 하나님의 손길은 악인에게는 무서운 심판을 의미하기도 합니다.

오직 너는 똑똑히 보리니 악인들의 보응을 네가 보리로다 시 91:8

하나님은 악한 자를 심판하심으로 자녀를 보호하십니다. 우리가 볼 때 이 세상은 부조리하고 엉망으로 돌아가는 것 같지만, 때가 되면 하나님의 정의는 완전히 이루어지게 될 것입니다. 이런 하나님의 보호하심을 생각하면 출애굽 백성이 보았던 구름 기둥과 불 기둥이 떠오릅니다. 그것은 하나님의 인도하심일 뿐 아니라 보호하심의 은혜였습니다.

> 그는 너희보다 먼저 그 길을 가시며 장막 칠 곳을 찾으시고 밤에는
> 불로, 낮에는 구름으로 너희가 갈 길을 지시하신 자이시니라 신 1:33

자신들의 앞에 서 있는 구름 기둥과 불 기둥을 볼 때 이스라엘은 얼마나 든든했겠습니까? 그러나 이방 민족들에게는 큰 두려움이었을 것입니다. 그것이 "이들은 내 것이니 함부로 건드리지 마라"라는 경고로 보였기 때문입니다. 하나님은 이렇게 하나님을 의지하며 믿음의 길을 가는 자들을 보호하고 지키십니다. 오늘도 하나님은 우리 앞서 행하십니다. 적들에게 두려움을 주시고, 악에서 건져 내십니다.

우리는 이 세상의 악과 싸워야 하고, 이 세상의 악과 대적하는 기도를 드려야 합니다. 독실한 신앙인이자 C. S. 루이스와 깊은 우정을 나누었던 J. R. R. 톨킨(J. R. R. Tolkien)의 《반지의 제왕》에는 이런 장면이 나옵니다.

인간과 요정들이 힘을 모아 악에 대적했지만, 악이 너무나 막강해 승산이 없었습니다. 호빗족의 두 친구는 나무들을 찾아가 도움을 청합니다. 그런데 그들은 자신들과 상관없는 싸움이라며 그 전쟁에 참전하기를 거절하고, 너희도 그 싸움을 피해 고향으로 돌아가라고 충고합니다. 그 말을 들은 한 친구가 말합니다.

"그래 어쩌면 저들의 말이 옳은지도 몰라. 어차피 이길 수 없는 싸움이야. 고향으로 돌아가자. 그곳에는 가족들이 있고 평화가 있잖아."

그러나 다른 친구는 이렇게 말합니다.

"그 평화가 얼마나 오래 갈 수 있을까? 악은 전쟁터를 넘어 나무들이 있는 이곳에 이를 것이고, 우리의 고향까지 이르게 될 거야. 지금 싸우지 않으면 어두운 악의 그림자는 온 세상을 뒤덮고 말 거야. 우리는 싸워야 해."

무척 인상적인 장면이었습니다. 우리는 당장 나에게 피해가 오지 않으면 악한 자와의 싸움은 내 일이 아니라고 생각하는 경향이 있습니다. 그렇지 않습니다. 악은 지금 자신이 점령하고 있는 땅에 결코 만족하지 않기에, 악한 자와의 싸움은 결코 남의 일일 수가 없습니다. 그러므로 싸워야 하고 대적해야합니다. 성경도 그렇게 가르치고 있습니다.

믿음에 굳게 서서, 악마를 맞서 싸우십시오. 여러분도 아는 대로, 세

상에 있는 여러분의 형제자매들도 다 같은 고난을 겪고 있습니다. 벧

전 5:9, 새번역

이 구절에서 '맞서 싸우라'로 번역된 헬라어 '안디스테미'는
영어로 'resist(저항하다)'라는 의미입니다. 저항은 시키는 대로 복
종하지 않고 대적한다는 뜻입니다. 사전을 찾아보면 '외부의
힘이나 상대에게 굴복하여 따르지 않고 거절하거나 버틴다'라
고 정의되어 있습니다. 믿음의 관점에서 참 멋진 단어입니다.

나치 치하에서 디트리히 본회퍼는 히틀러 독재를 거부하고
복음의 정신을 지켰습니다. 일제 치하에서 주기철 목사님은 신
사참배를 거부하고 신앙의 절개를 지켰습니다. 이렇듯 믿음의
사람들은 저항했습니다. 힘이 있는 상대와 맞서서 저항한다는
것은 쉬운 일이 아닙니다. 그러나 그것이 믿음 아니겠습니까?

"하나님이 나와 함께하신다. 하나님이 나를 지켜 주신다.
그러므로 나는 저항하겠다."

이것이 악과 싸우는 자세입니다. 동시에 세상의 풍조에 저
항하겠다는 결단이기도 합니다. 사단은 이 세상과 이 세상에
있는 것들을 사랑하는 마음을 통해 우리를 유혹하기 때문입니
다. 그렇다면 우리는 어떻게 저항하고, 어떻게 싸워야 할까요?
조금 전에 읽었던 베드로전서 말씀에는 중요한 교훈이 담겨 있
습니다. "믿음에 굳게 서서", 즉 우리의 능력이 아닌 하나님의
능력으로 싸우라는 것입니다.

베드로는 믿음에 굳게 서고, 하나님께 복종함으로 맞서 싸우라고 말합니다. 내 힘으로 덤벼들면 안 될 일이라는 것입니다. 그렇습니다. 이 싸움은 하나님을 의지함으로써만 이길 수 있는 싸움입니다. 인간의 힘을 의지한 무모한 저항은 도리어 패배의 지름길이 될 뿐입니다. 그래서 바울은 이렇게 권면했습니다.

마귀의 간계를 능히 대적하기 위하여 하나님의 전신 갑주를 입으라
엡 6:11

아침에 눈을 뜨면 전신갑주로 무장하고 하루를 시작해야 합니다. 우리는 무장하지 않으면 패배할 수밖에 없습니다. 순간 순간 나의 갑옷에 빈틈이 없는지 잘 살펴야 합니다. 믿음의 방패도 들고 성령의 검도 들어야 합니다. 그것이 악한 자를 이기는 비결입니다.

선으로 이기라

한 가지 더 나누고 싶은 것이 있습니다. 우리는 선으로 악에 대항해야 합니다.

악에게 지지 말고 선으로 악을 이기라 **롬 12:21**

과연 선으로 악을 이길 수 있을까요? 선은 부드럽고 약하지만 악은 무자비하고 강하지 않은가요? 사실 그래 보입니다. 세상에서 악은 강하고, 악이 이기는 것처럼 보입니다. 그러나 오직 선만이 악을 이길 수 있습니다. 악으로는 악을 이길 수 없습니다. 악이 더할 뿐입니다. 오직 선만이 악을 이깁니다.

그런데 문제는 우리에게 선이 없다는 것입니다. 오직 하나님이 선이시고, 하나님만 선하십니다. 그 하나님의 선으로만 악을 이길 수 있습니다. 악에 맞서 우리도 악해지면 지는 것입니다. 하나님의 선하신 성품으로 반응할 때만 악한 자를 이길 수 있습니다.

그러므로 악한 자와 맞서 싸워 이기는 방법은 선으로 대적하는 것입니다. 그 어떤 순간에도 아버지의 성품, 하나님의 방법을 잊어서는 안 됩니다. 그것이 우리가 가진 가장 강력한 무기입니다. 이것이 믿음입니다. 날마다 우리에게 이 믿음이 있기를 소망합니다.

주께서 나를 모든 악한 일에서 건져내시고 또 그의 천국에 들어가도록 구원하시리니 그에게 영광이 세세무궁토록 있을지어다 아멘 **딤후 4:18**

바울은 인생을 돌아보며 이렇게 고백했습니다. 얼마 남지 않은 자신의 삶을 생각하면서, 주님께서 자신을 모든 악한 일에서 건져 내셔서 천국에 이르게 하실 것이라고 고백하고 있습니다. 그 앞에 있는 디모데후서 4장 17절에도 건짐을 받았다는 표현이 나옵니다.

> 주께서 내 곁에 서서 나에게 힘을 주심은 나로 말미암아 선포된 말씀이 온전히 전파되어 모든 이방인이 듣게 하려 하심이니 내가 사자의 입에서 건짐을 받았느니라 **딤후 4:17**

바울은 악에서 건지시는 하나님의 은혜를 알았고, 체험했던 사람이었습니다. 하나님이 그를 모든 악에서 건지신 이유는 무엇일까요? 첫째로는 그를 보호하시기 위해서였습니다. 아버지는 자녀들이 상처받고 다치는 것을 원하지 않으시기 때문입니다. 하지만 17절에는 분명한 또 한 가지 이유가 나옵니다. "말씀이 온전히 전파되어 모든 이방인이 듣게 하려 하심이니" 곧 사명을 위해서였습니다. 이런 차원에서 보면 악에서 구해 달라는 기도는 단순히 나를 보호하기 위한 요청만이 아니라 이런 깊은 의미를 담은 것이어야 합니다.

"아버지, 제가 하나님의 일을 잘 감당해 낼 수 있도록, 주님의 뜻하신 바를 이룰 수 있도록, 주어진 사명을 감당할 수 있도록 나를 악에서 건져 주소서."

이 기도는 분명한 목적을 가진 기도여야 합니다. 왜 시험에 들지 않기를 기도하고, 왜 악에서 구원해 주시기를 기도하고 있는지 돌아봐야 합니다. 단지 고난이 두려워서가 아니라, 사명을 감당하고 선한 일을 하기 위해 악한 자로부터 보호해 주시기를 기도해야 합니다. 만약 우리가 하나님의 나라와 의를 위하여 우리 자신을 악에서 건져 주시기를 기도한다면 이 기도는 더욱 강력한 능력이 될 것입니다.

주기도문의 마지막 기도에 담긴 시험과 악은, 주기도문 앞부분의 기도를 드리는 사람이 당하게 될 가능성이 높습니다. 우리가 하나님의 이름을 거룩히 여기고자 하고, 하나님의 뜻을 구하고, 하나님의 나라를 위해 살고자 하면 시험이 찾아오고 악한 자의 공격이 시작될 것이기 때문입니다. 그래서 예수님은 이렇게 말씀하셨습니다.

11나로 말미암아 너희를 욕하고 박해하고 거짓으로 너희를 거슬러 모든 악한 말을 할 때에는 너희에게 복이 있나니 12기뻐하고 즐거워하라 하늘에서 너희의 상이 큼이라 너희 전에 있던 선지자들도 이같이 박해하였느니라 마 5:11~12

이 세상은 치열한 전투가 벌어지고 있는 현장입니다. 물론 예수님이 우리 죄를 위해 십자가에서 죽으심으로 이 전투의 승패는 이미 결정 났지만, 주님이 다시 오셔서 완전히 끝내실 그날까지 치열한 전투는 계속되고 있습니다. 결코 사단을 과소평가해서는 안 됩니다.

그 지난한 싸움을 앞두고 우리가 두려워하지 않는 이유는 하나님이 우리의 방패요 산성이 되어 주시기 때문입니다. 악한 자로부터 우리를 지키시고 구하시기 때문입니다. 사단은 하나님의 상대가 되지 못합니다. 그는 강하고 우리는 약하나 우리의 약함은 하나님이 일하시는 통로가 됩니다. 우리가 약하여 하나님만을 의지할 때 선하신 하나님의 능력은 우리 안에 온전해집니다. 기독교의 신비입니다.

이 기도는 우리가 깨어 있어야 한다고 말합니다. 전쟁이 다 끝난 것이 아니기 때문입니다. 우리는 이 싸움의 구경꾼이 아닙니다. 우리는 이미 이 싸움에 참가되어 버렸습니다. 우리는 매일 하루를 시작할 때마다 주님께서 가르쳐 주신 이 기도를 드려야 합니다.

우리는 혼자가 아닙니다. 하나님이 우리 곁에 계시고, 믿음의 동료들이 함께합니다. 하나님 나라의 백성들이 똘똘 뭉쳐 함께 싸워야 합니다. 그리할 때 선하신 하나님이 베푸신 능력으로 악한 자를 능히 대적하고, 악한 세상에서 넉넉히 승리하게 될 것입니다.

Chapter 11

나라와 권세와
영광이 아버지께
영원히

우리를 시험에 들게 하지 마시옵고 다만 악에서 구하시옵소서

(나라와 권세와 영광이 아버지께 영원히 있사옵나이다 아멘)

마 6:13

주기도문 묵상이 우리에게 의미 있는 시간이었기를 바랍니다. 무엇보다도 우리 모두가 기도하는 사람이 되었으면 좋겠습니다. 기도에 대해 묵상하는 이유는 기도하기 위해서이지, 기도에 대한 지식을 쌓기 위해서가 아니기 때문입니다. 기도를 연구한 것이 아니라 기도를 배운 것이니 우리 삶에서 더 넓고 깊고 높은 기도가 시작되기를, 교회에서 함께 드리는 주기도문이 다른 차원으로 올라서기를 소망합니다.

완벽한 마무리

하늘에 계신 아버지의 이름이 거룩히 여겨지기를 구함으로 시작된 주기도문은 악한 자와의 영적 전쟁에서 승리할 수 있기를 구하는 기도로 마무리됩니다. 이를 두고 제임스 멀홀랜드(James Mulholland) 목사는 "참으로 완벽한 마무리"라고 표현했습니다. 그런데 마태복음에 기록된 주기도문은 이 마지막 청원으로 끝나는 것이 아니라, 괄호 안에 들어 있는 (마치 후렴구처럼 느껴지는) 송영으로 마무리되고 있습니다.

우리를 시험에 들게 하지 마시옵고 다만 악에서 구하시옵소서 (나라와 권세와 영광이 아버지께 영원히 있사옵나이다 아멘) **마 6:13**

이렇게 괄호 안에 있는 이유는, 이 구절이 생략되어 있는 고대 사본들이 적지 않기 때문입니다. 이 송영이 기록된 사본이 없는 것은 아니지만 다수의 초기 사본들에 기록되어 있지 않습니다. 그래서 많은 학자들은 이 구절이 예수님의 가르침에 덧붙여진 것으로 이해하고 있습니다. 그 정신과 핵심은 동일하지만 실제로 누가복음과 마태복음에 기록된 주기도문도 문장과 표현에 서로 차이가 있습니다. 예를 들어 누가복음에는 "다만 악에서 구하시옵소서"라는 기도와 "나라와 권세와 영광이 아버지께 영원히 있사옵나이다 아멘"이라는 송영이 없습니다.

주기도문의 이 마지막 문장은 의미 없이 덧붙여진 후렴구에 불과한 것일까요? 괄호 안에 들어 있으니 그다지 중요하지 않은 것일까요? 그렇지 않습니다. 성령의 인도하심 가운데 하나님의 말씀이 기록되고, 66권의 성경으로 정리되고 완성되어 우리의 손에 들려질 때까지, 이 문장이 남아 있다는 것 자체가 의미가 있기 때문입니다. 괄호 안에 넣어서라도 굳이 이 문장을 남겨 두신 이유가 있을 것입니다. 더구나 초대교회 그리스도인들은 주기도문을 드릴 때마다 이 송영으로 주기도문을 마쳤습니다. 그들에게는 아주 자연스럽고 의미 있는 구절이었던 것입니다.

나라와 권세와 영광이 아버지께 영원히 있음을 고백하는 믿음의 찬양은 주기도문 전체의 내용을 아우르는 훌륭한 요약이며, 웅장한 교향곡을 마무리하는 멋진 피날레입니다. 이 부분이 없다면 왠지 다 완성되지 않은 채로 연주를 마쳐 버리는 듯한 느낌이 들 것 같습니다. 주기도문은 언제나 이 마지막 영광송으로 마무리되어야 합니다. 이 구절은 그저 곡조를 맞추기 위해 의미 없이 부르는 후렴구, 그 이상이기 때문입니다. 이 마지막 송영을 중심으로 두 가지 사실을 묵상해 보고자 합니다.

송영 ① 하나님의 영광을 노래하라

우리는 주기도문이 하나님께 모든 영광을 돌리는 영광송으로 끝난다는 사실을 주목해야 합니다. 특히 이 마지막 송영은 주기도문의 앞부분, 하나님과 관련된 세 가지 기도를 요약하고 있습니다.

9그러므로 너희는 이렇게 기도하라 하늘에 계신 우리 아버지여 이름이 거룩히 여김을 받으시오며 10나라가 임하시오며 뜻이 하늘에서 이루어진 것 같이 땅에서도 이루어지이다 마 6:9~10

세 가지 기도는 주기도문의 핵심입니다. 결국 우리의 기도는 아버지의 이름을 높이고, 아버지의 나라를 구하며, 아버지의 뜻을 이루는 것이 최종적인 목표입니다. 더불어 우리 삶의 목표 역시 하나님께 영광을 돌리는 것이어야 합니다. 일용할 양식을 구하는 기도도, 죄 사함을 구하는 기도도, 시험에 들지 않게 해 달라는 기도도, 악한 자에게서 보호해 달라는 기도도, 결국 우리가 하나님의 나라와 의를 구하는 백성답게 살아가고자 드리는 간구입니다.

우리는 단지 호의호식하고 세상에서 복 받고 성공하고 잘나가기 위해서 기도하는 사람들이 아닙니다. "너희는 이렇게 기도해라. 너희는 이방인들이 구하는 것과는 다른 것을 구해야 한다." 예수님은 우리에게 이렇게 가르치셨습니다. 그런 차원에서 볼 때, 주기도문은 하나님께 모든 영광을 돌리는 영광송으로 끝나는 것이 합당합니다. 그것이 세상의 다른 기도들과 구별되는 그리스도인들의 기도입니다. 바로 '하나님의 영광'을 구하는 것입니다.

성경은 만물이 하나님을 위해 존재한다고 말씀합니다(롬 11:36). 세상의 모든 것이 존재하는 목적은 하나님의 영광을 이 세상에 드러내는 것이라는 뜻입니다. 〈웨스트민스터 신앙고백서〉는 성경 중심의 개혁 교회들이 그 가치를 인정하는 매우 중요한 문서 중 하나입니다.

종교개혁기에 많은 혼란과 핍박을 거치면서, 영국 교회는 공통으로 따를 수 있는 성경적 교리와 성례, 권징 등의 기준을 수립할 필요를 느끼게 됩니다. 그리하여 1643년 7월 1일 웨스트민스터에서 총회를 소집하였고, 1649년 2월 22일까지 5년 6개월 22일 동안 매일 오전 9시부터 오후 5시까지 하루 여덟 시간씩 1,163회 이상의 모임을 통해 '웨스트민스터 표준 문서(The Westminster Standards)'를 만들었습니다.

한 달에 하루씩 금식기도하며 그 문서를 작성했다고 하니, 지성과 영성의 균형을 잃지 않으려고 무척 노력했다는 생각이 듭니다. 그만큼 두렵고 조심스러운 일이었습니다. 분명히 그 모든 과정 중에 하나님께서 개입하셨을 것입니다. 이 신앙고백서를 교육하기 좋게 문답 형식으로 만든 것이 우리가 아는 '대요리 문답'과 '소요리 문답'입니다. 이 소요리 문답과 대요리 문답의 첫 번째 질문과 대답은 동일합니다.

문) 사람의 첫째 되고 가장 높은 목적은 무엇인가?
답) 하나님을 영화롭게 함과 영원토록 하나님을 온전히 즐거워함이
   다(시 73:24~28, 요 17:21~23, 롬 11:36, 고전 10:31).

내일 일을 예측할 수 없고, 살수록 더 혼란스럽고 복잡해지는 이 세상을 살면서 흔들리지 않고 중심을 잡기 위해 우리가 잊지 말아야 중요한 사실이 있습니다. 바로 우리가 사는 이유는 무엇인지, 인생의 가장 위대한 목적이 무엇인지에 대한 대답입니다. 성경은 우리가 자신을 위해 사는 존재가 아니라고 말씀합니다. 이 세상 것들을 위해 사는 존재도 아니라고 말씀합니다. 우리는 그보다 더 높고 영원한 가치를 위해 사는 사람들입니다. 바로 하나님의 나라와 하나님의 영광입니다.

'저는 너무 이기적이고 세상적인 사람입니다. 제 곁의 한 사람 사랑하는 것도 힘겹고, 제 믿음 하나도 제대로 지키지 못하는데 하나님의 나라, 하나님의 영광 같은 목표는 너무 거창합니다. 저는 꿈도 꾸지 못하겠습니다.'

이렇게 생각하는 이들이 있을지도 모릅니다. 그러나 그렇지 않습니다. 지금 우리의 수준과 현실이 어떠하든 '나는 하나님을 영화롭게 하고 하나님을 즐거워하기 위해 지음받은 존재다'라는 사실을 날마다 되새겨야 합니다. 이 사실을 매일매일 자신에게 말해 줄 필요가 있습니다. 왜냐하면 이것이 우리의 바람이 아니라 주어진 은혜이기 때문입니다.

아침에 눈을 뜨면 스스로에게 나의 삶의 목적에 대해 말해 줍시다. 그러한 연습과 훈련이 우리를 다른 차원의 삶으로 인도할 것이라고 확신합니다. 그렇지 않으면 우리는 그저 땅에 속한 사람으로 살다가 죽게 될 것입니다. 우리는 그렇게 살도록 지음받은 존재가 아닙니다. 바울은 자신의 믿음을 이렇게 표현했습니다.

7우리 중에 누구든지 자기를 위하여 사는 자가 없고 자기를 위하여 죽는 자도 없도다 8우리가 살아도 주를 위하여 살고 죽어도 주를 위하여 죽나니 그러므로 사나 죽으나 우리가 주의 것이로다 **롬 14:7~8**

살아도 주를 위하여, 죽어도 주를 위하여, 이것은 참 멋진 말이지만 사실 삶의 현장에서는 쉬운 일이 아닙니다.

얼마 전 어느 선교사님이 시편 57편을 통해 받은 도전에 대해 이야기해 주셨습니다. 시편 57편에는 "다윗이 사울을 피하여 굴에 있던 때에"라는 설명이 붙어 있습니다. 그런 배경을 생각하며 1절 한 절만 읽어 보아도, 당시 다윗의 심정이 어떠했을지 짐작해 볼 수 있습니다.

> 하나님이여 내게 은혜를 베푸소서 내게 은혜를 베푸소서 내 영혼이
> 주께로 피하되 주의 날개 그늘 아래에서 이 재앙들이 지나기까지 피
> 하리이다 시 57:1

그는 간절히 은혜를 구하며 하나님의 날개 아래로 피신해야만 했습니다. 3~4절을 보면 다윗을 삼키려는 자의 비방이 있었는데, 그들의 이는 창과 화살이요 그들의 혀는 날카로운 칼과 같아서 자신의 영혼은 사자들 가운데 살고 불사르는 자 가운데 누웠다고 말합니다. 또 6절은 그들이 다윗을 잡으려고 그물을 준비하고 웅덩이를 팠다고 말하고 있으니, 이 정도면 사면초가라 할 수 있습니다.

만약 우리가 이런 상황에 처한다면 어떤 기도를 드릴까요? 아마도 "살려 주세요. 저들의 손에서 나를 구원하소서"라고 기도할 것입니다. 다윗 역시 그렇게 기도하고 있습니다. 우리도 그런 사면초가의 상황에서는 하나님이 우리를 구원해 주시기

를 간절히 기도해야 합니다. 우리를 도우실 수 있는 분은 오직 한 분 하나님뿐입니다. 그런데 다윗은 거기서 멈추지 않고 이런 기도를 덧붙이고 있습니다.

7하나님이여 내 마음이 확정되었고 내 마음이 확정되었사오니 내가 노래하고 내가 찬송하리이다 (중략) 9주여 내가 만민 중에서 주께 감사하오며 뭇 나라 중에서 주를 찬송하리이다 (중략) 11하나님이여 주는 하늘 위에 높이 들리시며 주의 영광이 온 세계 위에 높아지기를 원하나이다 시 57:7~11

다윗은 찬양하고 있습니다. 그는 계속해서 찬양하기로 결심하고 있을 뿐만 아니라, 하나님의 영광을 구하고 있습니다. "이 재앙들이 지나기까지 피하리이다"라는 1절 말씀에 의하면, 아직 그의 재앙들은 지나가지 않았던 것 같습니다. 그는 여전히 원수들에게 둘러싸여 있었습니다. 그럼에도 그 한가운데에서 하나님의 영광이 온 세계 위에 높아지기를 기도하고 있는 것입니다.

시편 57편을 묵상하던 선교사님은 '이래서 다윗이 하나님의 마음에 합한 사람이구나. 이것이 나와 다윗의 차이로구나'라는 생각이 들었다고 합니다. 자신은 어려운 상황에 처하면 그저 도와 달라고 울며 기도할 뿐, 그 너머에 있는 하나님의 나라와 그 영광을 구하지 못하고 있기 때문입니다. 대화를 나누며 저 역시 부끄럽기도 하고 도전이 되기도 했습니다. 선교사님과 저는 그 자리에서 우리도 다윗처럼 살게 해 달라고 기도했습니다.

주기도문을 이 송영으로 마무리하게 되면, 우리가 궁극적으로 추구하고 바라야 할 것이 무엇인지를 마음에 되새길 수 있습니다. 그것은 바로 하나님의 영광입니다.

우리는 하나님 나라에 속한 사람들입니다. 하나님을 찬양하는 사람들입니다. 주기도문의 이 마지막 찬양은 하나님 나라의 백성들이 함께 부르는 노래라는 생각이 들었습니다. 예수님이 다시 오시는 날, 진짜와 가짜는 구별되고 모든 참된 신자들은 하나님 앞에 모이게 될 것입니다. 그날 그 모임에 빠지는 분이 없기를 바랍니다. 그날 온 성도가 함께 부르는 찬양은 대단한 장관일 것입니다. 요한계시록은 예수님이 다시 오실 그날에 일어날 일들을 이렇게 기록하고 있습니다.

9이 일 후에 내가 보니 각 나라와 족속과 백성과 방언에서 아무도 능히 셀 수 없는 큰 무리가 나와 흰 옷을 입고 손에 종려 가지를 들고 보좌 앞과 어린 양 앞에 서서 10큰 소리로 외쳐 이르되 구원하심이 보좌에 앉으신 우리 하나님과 어린 양에게 있도다 하니 11모든 천사가 보좌와 장로들과 네 생물의 주위에 서 있다가 보좌 앞에 엎드려 얼굴을 대고 하나님께 경배하여 12이르되 아멘 찬송과 영광과 지혜와 감사와 존귀와 권능과 힘이 우리 하나님께 세세토록 있을지어다 아멘 하더라 계 7:9~12

그날 주의 백성들이 함께 부를 그 노래는 기쁨의 노래이며, 영광스러운 찬양입니다. 이 땅에서는 고난도 당하고 때로는 믿음이 흔들리기도 했지만 '성경이 진리였구나. 하나님은 살아 계시고 그 모든 약속을 성취하시는구나' 이렇게 생각하며 감동의 노래를 부르게 될 것입니다.

> 이 백성은 내가 나를 위하여 지었나니 나를 찬송하게 하려 함이니라
>
> 사 43:21

선지자 이사야는 하나님의 백성은 하나님을 노래하는 성가대라고 말합니다. 그렇습니다. 우리는 노래하는 사람들입니다. 이 땅을 살아가는 동안 하나님 나라의 백성들에게는 슬픔의 노래도 있고 아픔의 노래도 있습니다. 아직 현실이 되지 않은 하나님의 약속들을 믿음으로 바라보는 소망의 노래도 있습니다. 그러나 언젠가 하나님의 모든 약속이 성취되는 그날 우리는 영광과 기쁨의 찬송을 부르게 될 것입니다. 그것이 성경의 약속입니다.

주기도문을 이 송영으로 마칠 때마다 우리의 존재 이유를 다시 생각해 보아야 합니다. 하나님의 나라를 소망하고 바라볼 수 있어야 합니다. 예수님 다시 오실 때, 뜻이 하늘에서 이루어진 것 같이 땅에서도 온전히 이루어지게 되는 그날에, 하나님의 영광을 찬양하게 될 것이라는 믿음으로 절망하지 말고 포기

하지 말고 견뎌 내어 승리하는 우리가 되어야 합니다. 부디 이 땅에서 살아가는 우리의 삶이 하나님의 나라와 권세와 영광을 위한 삶이 되기를 바랍니다.

송영 ② 나라와 권세와 영광이 아버지께 있다

나라와 권세와 영광이 아버지께 속해 있다는 표현에 주목해 봅니다. '권세(power)'로 번역된 단어는 헬라어로 '두나미스'인데, 이 단어에서 영어 '다이너마이트'가 파생되었습니다. 주기도문의 마지막 송영은 하늘과 땅에 있는 모든 힘과 능력이 하나님께 속했다고 선언하고 있는 것입니다. 그렇습니다. 창조의 능력, 구원의 능력, 성도들을 인도하고 승리하게 하는 능력, 망가지고 깨진 것을 고치고 회복시키는 능력, 그 모든 것이 하나님께 속해 있습니다. 모든 권세, 모든 능력, 모든 나라가 하나님께 속해 있는 것입니다.

신약학자 도널드 헤그너(Donald A. Hagner)는 자신의 주석에서 주기도문 마지막 송영의 뿌리를 다윗의 노래에서 찾습니다. 하늘과 땅의 모든 것이 하나님께 속해 있다는 신앙고백입니다. 주기도문을 알든 모르든, 하나님을 아는 사람들은 이와 같은 고백을 할 수밖에 없습니다.

11여호와여 위대하심과 권능과 영광과 승리와 위엄이 다 주께 속하였
사오니 천지에 있는 것이 다 주의 것이로소이다 여호와여 주권도 주
께 속하였사오니 주는 높으사 만물의 머리이심이니이다 12부와 귀가
주께로 말미암고 또 주는 만물의 주재가 되사 손에 권세와 능력이 있
사오니 모든 사람을 크게 하심과 강하게 하심이 주의 손에 있나이다

대상 29:11~12

하지만 솔직히 말해서 이러한 다윗의 노래나 주기도문이 가
르치고 있는 바와 우리가 살고 있는 현실은 다른 것처럼 느껴
질 때가 많습니다. 세상의 권세에 비해 하나님의 권세는 잘 보
이지 않습니다. 권세가 하나님이 아니라 이 세상에 속해 있는
것만 같습니다. 그래서 많은 사람들이 보이는 권세에 굴복하고
보이는 권세를 두려워합니다. 직위의 권세, 물질의 권세, 명예
의 권세 등에 벌벌 떨며 그것을 추구하게 되는 것입니다. 한편
으로는 이해도 됩니다. 그런 세상의 권세들은 당장 우리를 어
찌할 힘을 가지고 있기 때문입니다.

예수님이 주기도문을 가르치신 그때는 어떠했을까요? 천하
는 로마의 것으로 보였습니다. 모든 권력은 절대 군주 로마 황
제의 손에 있는 듯했고, 그의 손에서 빈부귀천 생사화복이 결
정되는 것처럼 보였습니다. '모든 길은 로마로 통한다'는 말이
만들어질 만큼 로마 제국은 막강했고, 그 힘과 군사력으로 반
기를 드는 세력은 없애 버렸습니다. 기세등등한 황제는 백성들

이 자신의 권세와 영광을 찬양하도록 종용했습니다. 당시의 상황만 보면 "나라와 권세와 영광이 로마 황제에게 있습니다"라고 말하는 것이 훨씬 현실적일지도 모르겠습니다.

우리가 살아가는 오늘날은 어떻습니까? 오늘 이 땅에는 다양한 권세가 있겠지만 그중에서도 가장 강력한 권세는 돈입니다. 이 세상에서 '재물과 탐욕을 상징하는 맘몬'의 힘은 대단합니다. 특히 자본주의 시대를 거치며 돈이 사람을 죽이고 살리고, 무죄와 유죄를 가르고, 가치가 있고 없고를 판단하는 기준이 된 것처럼 보입니다. 돈이 누구에게 힘과 명예를 줄지를 결정하는 것처럼 보이기도 합니다. 이 시대의 상황만 보면 "나라와 권세와 영광이 맘몬에게 있습니다"라고 말해야 할지도 모르겠습니다.

그러나 주기도문은 모든 권세와 영광이 아버지께 영원히 있다는 고백으로 마무리됩니다. 우리가 늘 이렇게 믿고 이렇게 고백할 것을 이 기도는 요구하고 있습니다. 이 기도를 드릴 때마다 우리가 어느 나라에 속했고, 어떤 왕에게 충성하며 살고 있는지 확인하라는 것입니다. 또 누구를 두려워하고 살 것인지, 무엇을 의지하며 살 것인지 선택하라는 의미이기도 합니다. 성경은 분명하게 말씀합니다.

> 몸은 죽어도 영혼은 능히 죽이지 못하는 자들을 두려워하지 말고 오직 몸과 영혼을 능히 지옥에 멸하실 수 있는 이를 두려워하라 마 10:28

세상의 권세가 가진 힘은 그저 육신을 괴롭히고, 소유를 강탈하고, 생명을 빼앗는 것에 그칩니다. 그 이상은 하지 못합니다. 그러나 하나님은 우리의 영혼과 죽음 그 이후의 영원까지 다스리십니다. 물론 이렇게 알고 믿어도, 당장 세상의 권세가 힘으로 우리를 위협하면 움츠러들 수밖에 없습니다. 여전히 우리의 삶에 큰 영향력을 갖고 있기 때문입니다. 그런데 성경은 오직 하나님의 권세만을 두려워했던 사람들이 있었음을 보여 줍니다.

> 33그들은 믿음으로 나라들을 이기기도 하며 의를 행하기도 하며 약속을 받기도 하며 사자들의 입을 막기도 하며 34불의 세력을 멸하기도 하며 칼날을 피하기도 하며 연약한 가운데서 강하게 되기도 하며 전쟁에 용감하게 되어 이방 사람들의 진을 물리치기도 하며 35여자들은 자기의 죽은 자들을 부활로 받아들이기도 하며 또 어떤 이들은 더 좋은 부활을 얻고자 하여 심한 고문을 받되 구차히 풀려나기를 원하지 아니하였으며 36또 어떤 이들은 조롱과 채찍질뿐 아니라 결박과 옥에 갇히는 시련도 받았으며 37돌로 치는 것과 톱으로 켜는 것과 시험과 칼로 죽임을 당하고 양과 염소의 가죽을 입고 유리하여 궁핍과 환난과 학대를 받았으니 38(이런 사람은 세상이 감당하지 못하느니라) 그들이 광야와 산과 동굴과 토굴에 유리하였느니라 히 11:33~38

히브리서는 세상의 힘과 권세로는 도무지 감당해 낼 수 없는 사람들이 있었다고 증언합니다. 38절을 더 정확하게 번역하면 "이들에게 이 세상은 아무런 가치가 없었습니다"라고 해야 하지만, 저는 "이런 사람은 세상이 감당하지 못하느니라"라는 번역이 더 좋습니다. 묵상이 반영된 번역처럼 느껴집니다. 이 세상의 것들을 가치 없게 여기는 사람들을 이 세상의 것으로 어떻게 위협할 수 있을까요? 그러니 감당이 안 되는 것입니다.

> 그들이 이제는 더 나은 본향을 사모하니 곧 하늘에 있는 것이라 이러므로 하나님이 그들의 하나님이라 일컬음 받으심을 부끄러워하지 아니하시고 그들을 위하여 한 성을 예비하셨느니라 히 11:16

그들이 그렇게 살 수 있었던 이유는 영원한 하나님 나라를 사모했기 때문입니다. 성경은 이 세상의 것은 지나갈 뿐이고 하나님의 나라와 그 권세는 영원하다고 말씀합니다. 그렇다면 우리는 어떤 권세를 두려워하고, 의지하며 살아가야 할까요? 우리에게 나라와 권세와 영광이 하나님께 속하였다는 믿음의 고백이 있기를 바랍니다. 그것이 마음에 소망을 불러일으켜 우리가 세상이 감당할 수 없는 사람으로 살게 되기를 바랍니다.

기도의 시작과 끝, 아버지

예수님이 가르쳐 주신 기도는 "하늘에 계신 우리 아버지여"라는 부름으로 시작하여 "아버지께 영원히 있사옵나이다"라는 찬양으로 끝이 납니다. 신비롭게도 아버지로 시작하여 아버지로 마쳐집니다. 이는 우리가 하나님과 어떤 관계인지를 상기시켜 주기 위해서가 아닐까 생각합니다. 물론 하나님은 세상을 주관하고 다스리는 만왕의 왕이시지만, 주기도문 속에서 우리는 하늘의 아버지께 기도를 드립니다. 자녀의 기도이기에 외면할 수 없습니다. 자녀의 기도이기에 힘이 있습니다. 하나님이 우리의 아버지이심을 잊지 맙시다. 우리는 하나님이 사랑하시는 자녀입니다.

우리는 이 기도가 종말론적인 기도라는 사실을 기억해야 합니다. 주기도문을 드리는 사람은 예수님의 다시 오심을 기다리는 사람이며, 이미 시작된 하나님 나라가 온전히 완성되는 것을 사모하는 사람입니다. 그래서 이 세상에 모든 소망을 두고 살지 않는 사람입니다. 우리는 나그네입니다. 이 땅에서 살고 있지만, 이 땅이 우리의 영원한 안식처는 아닌 것입니다.

주기도문은 이런 우리의 정체성을 선명하게 드러내 주는 기도입니다. 이 기도를 드림으로 우리는 스스로를 돌아보며 삶의 목표를 날마다 재정립할 수 있습니다. 또한 이 기도는 우리의 삶과 인격이 하나님 나라의 백성다운지 아닌지를 돌아보게 만들어 줍니다. 주기도문은 우리를 비춰 보고 옷매무새를 고치게 만드는 거울과 같습니다. 그래서 매일 한 번쯤 이 기도를 드릴 필요가 있습니다. 이번 기회에 우리에게 그 습관이 생겼으면 좋겠습니다.

주기도문 묵상을 마무리하면서 한 가지를 덧붙일 것이 있습니다. 그것은 주기도문에 기도의 형태나 방법에 대한 언급이 없다는 사실입니다. '무릎을 꿇어야 한다. 서야 한다. 소리를 질러야 한다. 조용히 해야 한다. 새벽에 해야 한다' 등 아무런 언급이 없습니다. 아마도 그 부분에는 자유함이 있다는 의미일 것입니다. 다른 사람의 기도를 방해하면서 기도한다거나, 깊은 죄악 가운데 빠진 채로 부끄러움 없이 기도한다거나, 이런 비상식적인 행동만 아니라면 인간에게 주신 상식과 지혜 안에서 기도의 형식과 방법에는 자유함을 가지라는 의미일 것입니다.

그런데 우리는 종종 우리가 생각하는 기도의 방식을 고집할 때가 있습니다. 기도의 내용이나 깊이가 아니라, 특정한 기도의 형태만을 바른 기도라고 생각하는 것입니다. 자신만 그렇게 하면 괜찮습니다. 문제는 그것으로 다른 사람을 판단하고 정죄하고 가르치려 한다는 것입니다. 인간에게는 그런 못된 성향이 있습니다. 기도뿐만이 아닙니다. 보잘것없는 자신의 경험과 지식으로 우리는 얼마나 많은 판단을 합니까? 건방지고 교만한 일입니다.

방언기도만이 성령 충만한 기도인가요? 새벽기도하는 사람만이 진정한 기도의 사람인가요? 금식해 보지 않은 사람은 기도에 대해 말할 자격이 없는 것인가요? 그렇지 않습니다. 어떤 방법과 형태로든 기도하는 것이 중요합니다.

새벽 시간이 힘들면 아침이나 낮이나 저녁에 하면 됩니다. 금식이 어려우면 식사하면서 하면 됩니다. 방언을 못 하면 또박또박 하면 됩니다. 다른 사람과 나의 기도를 비교할 필요가 없습니다. 중요한 것은 내가 기도하고 있느냐 아니냐 입니다. 이를 위해 나에게 적절한 기도의 시간과 방법과 장소를 찾아야 합니다. 그리고 시작해야 합니다. 우리는 '기도가 특권'이라는 이야기로 주기도문 묵상을 시작했습니다. 그 특권을 이제 사용하면 좋겠습니다.

제자들은 예수님께 기도를 배웠습니다. 잘 배웠음이 분명합니다. 예수님이 승천하신 후 그들이 가장 먼저 한 것이 기도이기 때문입니다. 이 땅에 남겨진 제자들은 기도했습니다. 함께 모여 기도했습니다. 교회가 성장하고 행정적인 업무가 늘어나도 그들은 기도했습니다. 사도들은 이렇게 선포했습니다.

우리는 오로지 기도하는 일과 말씀 사역에 힘쓰리라 행 6:4

사도들은 무엇이 가장 중요한지를 깨달은 것입니다. 우리도 주님께서 가르쳐 주신 기도를 배웠습니다. 이제 그 가르침대로 기도해야 할 시간입니다. 주기도문의 넓음과 깊음과 높음, 그리고 그 능력을 경험하는 우리이기를 바랍니다. 주기도문에 담긴 모든 기도가 응답될 것이라는 상상만으로도 우리의 가슴을 뛰게 합니다. 그 기대로 오늘도 기도합니다. 할렐루야!

아멘

마태복음이 기록하고 있는 주기도문의 마지막 단어는 '아멘'입니다. 우리에게 아멘은 어떤 의미가 있습니까? 이것은 단지 기도가 끝났다는 신호가 아닙니다.

① 동의: 예, 정말로 그렇습니다

문자 그대로 해석한다면 아멘은 "동의합니다. 그렇습니다"라는 의미입니다. 그러므로 누군가가 대표로 기도할 때 함께 아멘 하는 것은 "저도 같은 마음입니다"라는 고백입니다. 이것은 우리 신앙에 매우 중요합니다. 함께 아멘 함으로 그 기도에 동참하여 함께 기도하는 것이 되기 때문입니다. 그의 고백이 나의 고백, 우리의 고백이 되는 순간입니다.

② 소원: 그렇게 되기를 바랍니다

아멘에는 "기도한 대로 되기를 바란다. 그렇게 되기를 간절히 원한다"라는 의미도 있습니다. 단순한 동의가 아니라 그 기도를 들으시는 분이 역사하실 것을 소원하며 믿음으로 선언하는 것입니다. 하나님은 우리의 기도를 들으실 뿐만 아니라 우리의 삶에 역사하는 하나님이시기에, 소원을 두고 행하는 분이시기에, 아멘은 중요합니다.

③ 결단: 기도한 그대로 살겠습니다

아멘에는 "기도한 그대로 살겠다"라는 결단도 담겨 있습니다. 나아가 "그렇게 되도록 만들겠다"라는 헌신의 의지도 들어 있습니다. 기도는 하나님께 모든 책임을 전가하는 행위가 아닙니다. 진정으로 기도한 사람은 기도를 마치고 눈을 뜨는 순간 순종의 삶을 시작합니다. 그런 사람에게 아멘은 기도를 끝냈다는 신호가 아니라, 새 삶을 시작하는 신호입니다.

9그러므로 너희는 이렇게 기도하라 하늘에 계신 우리 아버지여 이름이 거룩히 여김을 받으시오며 10나라가 임하시오며 뜻이 하늘에서 이루어진 것 같이 땅에서도 이루어지이다 11오늘 우리에게 일용할 양식을 주시옵고 12우리가 우리에게 죄 지은 자를 사하여 준 것 같이 우리 죄를 사하여 주시옵고 13우리를 시험에 들게 하지 마시옵고 다만 악에서 구하시옵소서 (나라와 권세와 영광이 아버지께 영원히 있사옵나이다

아멘) 마 6:9~13

　다시 한 번 예수님이 가르쳐 주신 주기도문으로 기도해 봅니다. 마지막 '아멘'은 아버지께서 이 기도를 이루어 주시기를 진심으로 바란다는 소원이며, 기도한 내가 그 기도대로 살겠다는 맹세입니다. 그러므로 아멘은 우리의 기도가 무책임한 기도가 되지 않도록 만드는 마지막 도장이요 하나님과 우리 사이에 맺는 약속입니다. 이것이 주기도문을 아멘으로 끝내야 하는 이유입니다.

　기도에 있어서 아멘은 중요하지만, 그렇다고 아멘을 남발하는 것은 좋지 않습니다. 그런 경우 종종 자기가 무엇에 아멘을 했는지 모르는 일도 일어나곤 합니다. 또 다른 극단은 그런 의미 없는 아멘에 질려서 결코 아멘 하지 않는 것입니다. 둘 다 건강한 태도가 아닙니다.

　유학 시절 대여섯 명 정도의 목회자들로 구성된 아담한 설교학 수업을 들었던 적이 있습니다. 한 백인 목사님이 자기 동네에서 백인 교회와 흑인 교회가 강단 교류를 했던 경험을 나누었습니다. 그분은 아주 전통적이고 엄숙한 백인 교회 담임목사님인데 근처 흑인 교회에 가서 설교를 하게 된 것입니다.

　흑인 교회에 가서 설교를 하던 목사님은 문화 충격을 받았다고 합니다. 한 문장이 끝날 때마다 성도들이 "아멘!" 했기 때문입니다. 흑인 교회에 가 본 분들은 아시겠지만, 그곳 성도들은 아멘도 자주 할 뿐 아니라 박수를 치기도 하고, "오 예!" 등의 추임새를 넣기도 하고, 설교자가 한 말을 반복하기도 합니다. 자신이 섬기는 교회에서는 한 번도 경험해 보지 못한 일이라 처음에는 무척 당황스러웠지만, 나중에는 말씀에 반응하고 동의하는 모습이 무척 힘이 되었다고 합니다.

우리는 이 백인 교회와 흑인 교회 사이 어디쯤에 있습니까? 아멘 한다면 왜 아멘 하셨나요? 입을 꼭 닫았다면 왜 아멘 하지 않는 것입니까? 의미 없는 아멘의 남발은 분명 좋지 않습니다. 그러나 입을 열어서 아멘으로 응답하는 것은 우리 신앙에 반드시 필요한 일입니다. 예수님도 아멘 하셨습니다. 그러니 우리도 마음과 신앙의 고백을 담아 아멘 합시다. 이것은 기도의 마침이요 믿음으로 사는 새 삶의 시작입니다.

《그리스도의 기도 학교》, 앤드류 머레이, CH북스

《기도》, 리처드 포스터, 두란노

《기도》, 제임스 패커, IVP

《기도》, 팀 켈러, 두란노

《기도하면 뭐가 달라지나요?》, 필립 얀시, 포이에마

《깊이 읽는 주기도문》, 김남준, 생명의말씀사

《무엇을 기도할까》, 옥한흠, 국제제자훈련원

《어떻게 기도할까?》, R. C. 스프로울, 생명의말씀사

《예수님처럼 기도하라》, 제임스 멀홀랜드, 엔크리스토

《주기도문》, 제임스 패커, 아바서원

《주기도문은 하나님의 마음입니다》, 강준민, 토기장이

《주기도문을 통한 영적 승리》, 엘머 타운즈, 서로사랑

《주기도문 강해》, 김세윤, 두란노

《주기도와 하나님 나라》, 톰 라이트, IVP

《친밀한 기도》, 래리 크레이더, 아가페

《하이델베르크 교리문답으로 보는 주기도문》, 코르넬리스 프롱크, 그책의사람들

《한국교회가 잃어버린 주기도문》, 김형국, 죠이선교회